This book is dedicated to
my teachers, and National University of Singapore,
my old alma mater.

And, my gratitude to everyone
who share their friendship and fellowship
of my pursuit of knowledge.

If both the physiological and the safety needs are fairly well gratified, there will emerge the love and affection and belongingness needs.

——Abraham H. Maslow

如果生理需要和安全需要都很好地得到了满足，爱、感情和归属的需要就会产生。

——亚伯拉罕·马斯洛

　　马丁·劳伦斯·威茨曼（Martin Lawrence Weitzman）于 1984 年提出了分享经济的理论。如今，作为一种经济模式，分享经济催生的商业模式已经几乎覆盖了人们衣食住行的各个领域，并在大多数行业呈现红海态势。这种高度竞争的商业环境，促使企业管理界开始思考，下一个经济模式将会是什么？

　　目前，移动视频直播作为新一轮资本投资的焦点，从最初的秀场直播形态，已逐渐演变出旅行、泛娱乐、新闻、电子商务、教育培训、财经等多种业态模式。视频直播初看起来只是人类交流的一种工具，但它在被社会全面理解和应用之后，将逐渐变成一种影响人们思维方式的新媒介。

　　哈罗德·伊尼斯（Harold A.Innis）在《传播的偏向》（*The Bias of Communication*）中认为：一种新媒介的出现，将导致一种新文明的产生。因为每一次新媒介的产生，都会带来一整套新的价值评价体系，都是由人类的基本需求所引发的。人类的每一个目标行为通常都渴望得到反馈，并且人类社会中这种人与人之间的相互依存，以及事物之间、系统之间的相互关联，形成了人与人、人与自然、人与社会、人与机器、人与虚拟世界的互动关系。这种多元的互动关系是一种必须在互动平台上才能完成的，使彼此之间产生相互作用与变化的表达体验的过程。

互动作为人类最基本的连接交流方式，从人类文明初始的面对面小范围群体性互动，逐步扩展到农耕文明后期的社会组织之间的交流，以及不同民族与国家之间的互动。工业文明带来的科技进步，使人类得以跨时空交流。特别是互联网的应用，使每一个独立个体的互动范围延伸到整个世界。

可见，人类在各个历史发展阶段都离不开彼此的互动交流。并且，随着时代的发展和科技的进步，互动范围的外延不断扩大、互动内容更加丰富、互动表现的形式更加多元等，同时互动也得以突破时空局限，更立体、更自由。

人类的这种交互[1]关系源于人类动态的、关联性的互动思维方式，在当前移动互联网以及虚拟现实技术的催生下，人

---

1 交互是一种更泛指的概念，互动是一个专指的具体概念，所以交互涵盖了互动的含义。

类思维系统的潜质里存在的互动意识，获得了前所未有的释放。移动互联网及虚拟现实技术进一步提高了互动的即时性，可以使人类在全方位立体的平台上进行互动交流，从而打造一个没有国家、国籍、地域划分的，全融合的互动社区。每一次科技进步都会引发经济模式的变革，随着移动互联技术、大数据等迅猛发展，人类的生活方式正在从传统的缓慢、延迟、单一的传播方式，逐步演变为即时、多元、互动的方式。在这样的背景下，在互动中学习、分享、协作将成为常态，智慧将成为第一生产力。一种新的经济形态——互动经济也将应运而生。这种基于交互、关联的生态构成的互动思维体系产生的互动需求与体验，必将带来无数商业模式的创新。

与此同时，这种互动模式也有其缺陷。数千年来，人类都基于真实和信任进行面对面的商品交易，互联网带来了非面对面的交易模式，虽然互联网经济的快捷与便利显而易见，但缺乏直接、熟悉、感性、生动的互动需求及体验，也降低了彼此之间的信任度。

视频直播使人类回归到专注于消费者体验的交易模式上，也就是"面对面"的、基于信任的、满足人类即时互动心理需求的交易模式。这种全动态的、虚拟的互动视频交易模式，预示着全面互动经济时代的到来。但是，视频直播的形态只是互动经济的前奏，真正基于互动经济理论的商业模式将有着更广泛的前景。

互动经济时代，将是一个更突出人人都互为消费者的时代，消费者将比以往更加追求个性化与定制化的产品与服务，并形成新的工匠精神。同时，互动经济时代也是一个以垂直分众的平台为主要表现形式与承载单元的时代。这些虚拟的垂直分众互动的社区型商业平台[1]，将使商业组织结构更加扁平化，需求与供给的关系更加透明化，消费者将拥有更多的话语权。在这种商业环境下，企业将出现自媒体化趋势，并通过企业精神及价值观的载体——企业播客（互动经济时代的新职业）来进行产品与服务的推广营销。

大数据作为人类创造的新型能源与资源，可以预计它的价值在未来将高于任何自然资源。VR、AR、MR 等虚拟现实技术，以及人工智能、万物互联、植入式芯片等新技术智慧机器也将广泛地被嵌入商业行为中，进一步促进人机融合。利用这些技术，云端互动形态将实现无边界、跨时空、即时可视，虚拟与现实的边界将越来越模糊。而且，技术的这种发展不仅使互动经济成为未来人类文化体系的一部分，也给人类未来的商业模式带来了无限的想象空间。

---

[1]　从严格意义上来讲，是一个数字平台。

相比传统经济，互动经济还是一个更关心人的情感世界的经济，它将给人类带来前所未有的感受，使人类的社交生活进入一个崭新的时代，并在未来的社会生活体系中成为标配。

　　每一次商业模式的创新都源于经济模式的创新，而任何经济形态在初始阶段都伴随着极高的风险。就像 17 世纪美洲贸易那样，如果遇到风浪沉船，那么投资人将血本无归。虽然我们尚未完全了解互动经济这场经济新革命的深度和广度，也不知道它将会给我们的生活带来怎样的挑战。但是我们知道，它终将会给我们带来颠覆式的社会变革。

　　拥抱未来，融入互动经济，每个人都将会拥有自己的"世界"。在人们逐渐认识到它有着无限的想象空间的时候，那也标志着全面互动经济时代的到来。

Contents

目 录

Brief Contents

CONTENTS

第一章 | **导论**

Chapter I　Introduction

01

经济模式与商业模式

Economic Model and Business Model

　　从某种意义上来说，经济学的发展史就是人类经济活动的进化论，一部人类商业活动的发展史，也是一部最经典的人类进化史，它所反映的是人类的自然本性与生活藩篱的博弈过程，是人类追求自我解放最基本的路径之一。

　　自工业革命以来，科技进步不断催生出一波又一波的经济模式，由经济模式又衍生出诸多的商业模式，特别是在互联网时代，科技革命的大潮无不影响着商业模式的潮起潮落。这些商业模式在快速变革社会生活的同时，也促进了我们的商业从竞争到垄断，再到竞争这种连续的演进过程。

从科技进步、经济模式与商业模式三者的催生和演变关系来看，科技进步的内在动力是对创新的渴望，通过不断积累技术创新，最终会引发新一轮的科技革命，从而促使新的经济模式出现，通过新的经济模式理论进而引发商业模式的无数创新，这些创新又会带来人类经济行为、社会结构、组织形式，乃至人们的心理状态等诸多改变。所以，一种新的经济模式的出现，可以引领并改变无数个商业模式，而科技的突破与商业模式的创新交互促进，形成了社会发展的动力。

从商业管理学的角度讲，我们应该把经济模式与商业模式严格区分开来。经济模式是经济发展到一定程度，随着时代的发展与科技的进步，以及对商业哲学的认知等综合因素积淀而成的，是以由突破性理论引发的具有普遍认知的商业形态为载体，是人类商业活动的一个特定阶段里具有时代特征的发展方向，它在经济主体运行中带有总体性和本质性的特征，是对商业发展中的一个阶段的商业模式具有整体性、概括性、引领和指导意义，其催生的商业模式之间具有关联性的经济形态。

商业模式是由总的经济模式衍生出来的企业与企业之间、企业各部门之间、企业与顾客之间、企业与渠道之间等的多种形态的交易关系和联结方式。如分享经济理论的诞生标志着一个经济模式的诞生，而分享经济衍生出来的衣食住行领域的分享商业活动，都是基于分享经济理论在商业模式上的表现形态。例如，优步（Uber）改变了人们的出行方式，它就是基于分享经济理论，是出行领域的商业模式的表现形态。

新经济模式的出现必然会带动商业模式的创新。任何一个新的经济模式的出现，以及人类商业模式的演进，也都与科技的进步息息相关，得益于大量的新锐科技的创新。

18世纪中叶蒸汽机和现代纺织机的出现以及它们在工业中的应用，催生了人类的第一次工业革命。它突破了以往生产只能靠人力和畜力的局限，机器大工业取代了传统的手工业，机械化工厂取代了传统的手工工厂，也为工业生产、交通等提供了强大且充足的廉价动力。同时，农村人口流向作为制造业中心的城市，彻底瓦解了传统的以乡村为主体的以自给自足生产方式为特征的农业经济文明，资本被大规模投向铁路运输等大工业项目，以城市工业为主体、以制造业为中心的工业文明逐步确立。另外，伴随着契约精神的兴起，农业文明的熟人社会中的交易演变为工业文明的契约交易。

第一次工业革命是人类社会生产力的第一次质的飞跃。伴随着蒸汽机的轰鸣声，维多利亚时代的大英帝国崛起成为

"日不落帝国"，同时也开启了西方商业文明的新时代。

发生在 19 世纪中期的第二次工业革命也是由科技进步催生的全面革命，同时也是一次能源革命。内燃机的应用促使大量资本投入汽车领域。同时，化学工业的进步带动了现代军事工业的发展，石油驱动了整个世界。生产和资本的高度结合，加速了各资本主义国家对殖民地的掠夺，在各主要资本主义国家产生了垄断型经济组织，它们通过资本输出迅速在全世界进行经济扩张。第二次工业革命打破了传统的世界贸易格局，世界市场初步形成。

人类对电的应用以及电力与机械动力之间的自由转化，使电能广泛地取代了蒸汽动力。同时，电报和电话的出现，颠覆了人类传统的沟通与交流的方式，使人类打破了时空的阻碍。此外，标准化管理模式的诞生，极大地促进了生产力的发展，提高了生产社会化的程度，带来了知识规模化和产品流程化。经过第二次工业革命的洗礼，社会分工在深度和广度上得到了进一步拓展，但第二次工业革命并没有像第一次工业革命那样颠覆性地改变人类的社会结构和人类交易过程中的交易模式。

第二次工业革命使整个商品制造流程环节越来越复杂，同时华尔街不断地制造出复杂的、花样繁多的金融产品，让人类第一次尝到了金融危机的苦涩。[1]这场发源于美国的全球性经济危机极大地激化了社会矛盾，最终导致了第二次世界大战的爆发。

就像以往人类历史上每一次战争都会催生很多科技成果的开发和应用一样[2]，"二战"在某种意义上可以被视为第三次工业革命的助推器。

第三次工业革命的标志是电子计算机、新能源、生物技术和航天空间技术的应用。同时，化学肥料大量的使用促进了粮食产量的提高，保证了人口的迅速增长。庞大的人口形成的消费群，促使以集成电路为代表的小型家电产品得到了飞速的发展，计算机的广泛应用提高了工作效率与管理能力，日新月异的现代通信技术改变了人们的交流方式，进一步缩短了时空距离。

在资本的催化下，科学技术转化为直接生产力的速度达到前所未有的程度，科学、技术、生产三者互相促进、相辅相成，联系也更加紧密，促使分工越来越细的同时，朝着更

---

1 1929年纽约证券交易所的股市崩溃，人们蜂拥至银行挤兑，致使无数银行倒闭，工商业资金链断裂，企业破产，大批的劳动者失业，多年的积蓄荡然无存。市场由于购买力下降又进一步趋向疲软，惨淡的企业效益使股价更加难以起死回生，整个经济开始了恶性循环。

2 如飞机最早是为了满足对阵地的侦察和高空轰炸，如今飞机在性能和技术上都有了飞速的进步。

加综合性的方向发展，第三次工业革命带来的社会结构变化是以往的工业革命所不能比拟的。

人类追求物质需求和精神愉悦的愿望引发了一次又一次的工业革命，资本的介入为投资者带来了丰厚的回报，正如卡尔·马克思（Karl Marx）所说，在资产阶级统治的不到100年间，创造的生产力超过了以往历史的总和。但是，在这繁荣的盛世景象之下，也隐藏着巨大的风险，大大小小的企业盲目地批量生产了大量工业产品，其中部分产品超出了社会的真实消费能力，造成过剩与浪费。

进入 20 世纪晚期，软件产业兴起，知识经济开始形成，人类由工业社会步入信息社会，由互联网时代催生的分享经济使人类的剩余产品、资源和价值得到充分的利用。与此同时，新型支付系统解决了移动支付问题，给人类交易模式带来了新的变革，分享经济在商业模式上已经覆盖了几乎所有的领域。但是，分享经济只解决了剩余价值再分配和再利用的问题，是一个类似于工具型的经济模式，它并没有从根本上颠覆现有的过度生产和浪费的现状，也没有构建出人类从第一次工业革命以来一直在寻找的节约的、绿色环保的生产销售模式，以及渴望的更绿色环保的生态经济模式。

在日新月异的互联网技术的基础上，在跨界、融合、免费等理念的指引下，在经济、技术与商业模式的迅速有机融合下，人类的经济生活与互联网技术将进一步融合。在一体化与多元化、碎片化的多重重构中，互联网技术给人类生活构建出了一个更有价值的新的经济生活生态，并随着这些新的生活形态的飞速发展，孕育出新的经济模式，即由互动直播而引起的新的经济模式的序幕已徐徐拉开。

02

互动经济思维

An Interactive Economy Mind Set

互动思维是基于人类与生俱来的渴望即时动态关联的心理需求而形成的一种思维方式。

互动经济是随着科技的进步，基于移动端的新型实时交互平台，在相对自由竞争的环境下，充分发挥个人价值，以智慧为第一生产力，以创新为核心，从而建立起以垂直社群为载体、客户端体验为中心的新型社交、需求与供给关系的，深度释放互动思维，使人性得到进一步解放的具有划时代意义的经济模式。

互动经济建立起的新商业文明体系使商业回归到商业的

本质[1]，它将改变人们传统的思维方式、心理状态及生活方式，并将引发人类社会结构、商业文明和制度与法律的变革。

科技对人类经济模式和商业行为影响的功过一言难尽。第一次工业革命带来了生产扩大、市场开发和资本聚集，这种商业模式给企业带来了丰厚的利润，但盲目的生产也造成了资源的浪费和环境的破坏。第二次工业革命引发了人类对财富的过度追求，更加剧了对全球资源的过度开发，也带来了前所未有的环境污染。

即便是第三次工业革命，以及由移动互联催生的分享经济，也并没有彻底扭转人类对生产资料的浪费以及人与人之间信任缺失的困局。只有互动经济，才是颠覆以往三次工业经济技术革命总和的终极性、总结性的经济形态。

互动经济不同于传统的互联网经济[2]，它将颠覆互联网经济中的诸多方面。所有的商业模式都不会像以前那样突出表现互联网概念，因为互联网本身已经和社会融为一体，成为生活的一部分，所以互联网本身的色彩就会淡化，任何一个组织都需要把互联网思维当成一种标配。这种颠覆本身可以

1　商业的本质是在社会分工的基础上，以客户为中心的，在信任和自由竞争的商业环境中组合生产要素，进行"面对面"交易并创造价值的商业行为。

2　传统的互联网经济是以非移动形态的互联互通网络平台为基础的经济形态。

带来挑战，也可以带来机遇和更加进步、开放的思想。

互动经济是一个没有边界的经济模式，以往的经济模式都是有边界的，如第一次工业革命是机械的，第二次工业革命是电力和能源的，第三次工业革命是信息的。而这次经济变革的主要特点之一是没有边界。[1]

工业革命并不是跟传统经济社会决裂的一次变革，而是通过一系列循序渐进的变化形成的。同理，互动经济的出现也是在以往的信息技术革命与互联网技术及移动互联网通信、VR、AR、MR 等技术的逐渐演变过程中的多种因素积累后形成的。

分享经济已经成为过去式
Sharing Economy has Become the Past Tense

从商业的角度看，分享经济时代始于 2010 年，它在互联网、移动互联网比较发达的主要国家中已经覆盖了诸多商业领域，成为一种常态。这也是一种预兆，预示着下一个商业经济模式即将到来，这也是商界期待变革的人士翘首以待

---

1 任何一个事物，从哲学上来讲都是有边界的，但是从思维上来讲是有无限意义的。

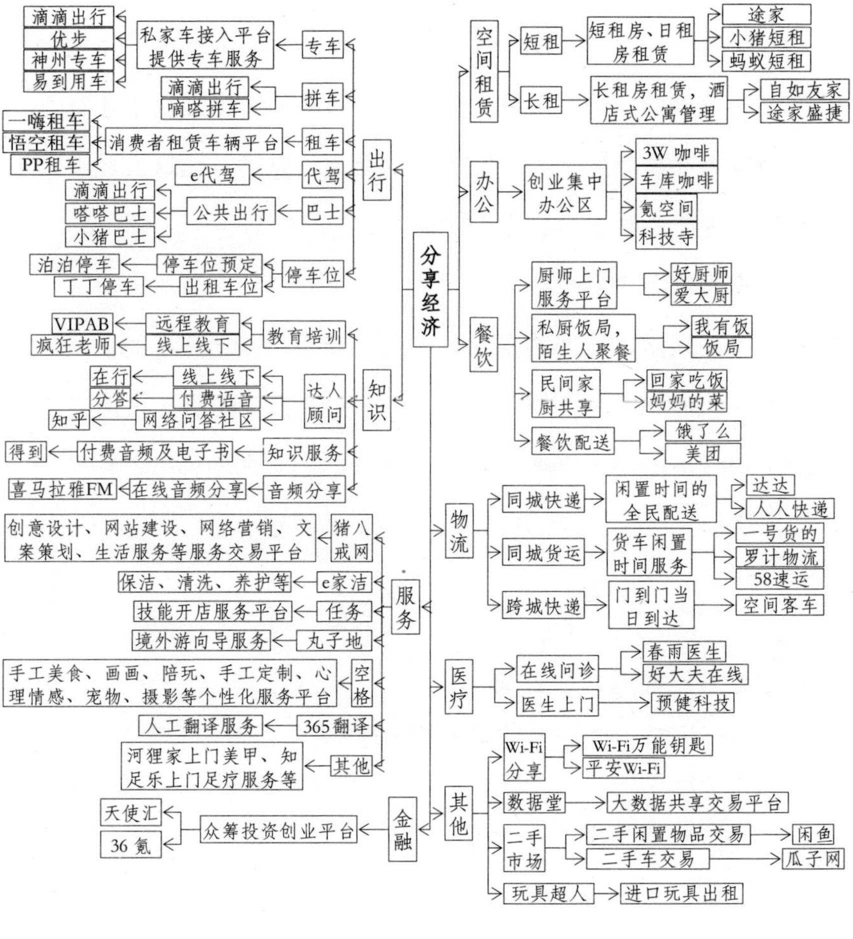

图1-1　分享经济在中国部分行业的分布图

的局面。

毋庸置疑，人们已经不再对大数据、人工智能抱有新鲜感。伴随着科技的发展、视频直播的兴起，互动经济的序幕已经悄然拉开，走入人们的生活。对于期待变革的企业来说，刚刚兴起的互动经济将是企业发现商业价值，重新诠释全新商业模式的最佳时机。

同时，分享经济秉持的是对以往闲置资源再利用的理念，而互动经济则是对以往经济模式的颠覆，分享经济到互动经济是从双向传播到多点传播的转变。从商业模式角度来说，即时互动本身比分享经济有着更广阔的应用前景、更丰富的内涵和更无限的想象及发展空间。

互动经济是分享经济后的下一个风口，但它不会是分享经济的分支或延续，而将以全新的经济模式引领时代。

互动视频直播作为直接引爆互动经济的导火索，发轫于电子竞技游戏，它不只是一个基础技术及表达形态，还是互动经济的一种初级呈现方式之一。随着科学技术的发展，交互功能的设计及场景呈现模式等将越来越强、越来越优化，可以预见移动视频直播将是继脸谱（Facebook）、推特（Twitter）、微博、微信等休闲社交工具之后，为人类生活带来神奇变化的新形态移动交互方式。

　　互动视频直播也不仅仅局限于休闲时打发时间，随着互动经济的发展，它将更加聚焦于企业的商业价值，以视频直播为传播载体的人类互动行为将逐步呈现在多维度、垂直细分的多个领域的商业模式中，并以此为趋势进一步发展，占领各个行业。

　　就内容而言，互动经济为我们提供了更快捷的，了解他人从未分享过的经验、见解和判断力的工具，这是一种全新的获取知识的方式。视频直播产品相较于文字、图片和录播视频带来的体验更流畅，精神愉悦感更强烈，也更容易将信息以情感深入、顺畅的方式传达给对方，形成即时互动和无缝沟通，兼具真实性与丰富性、即时互动性与不确定性等特点，使人们更乐于关注视频互动直播。

　　因此，作为互动经济的开端，视频直播这一平台型的商业模式逐渐走进了人们的日常生活。双向交流互动带来的交流方式的改变，以及通过实时评论、点赞、弹幕呈现等与参与者实时交互的形态，使它兼具内容属性和社交属性，拉近了以往人们在时间和空间上的距离。

　　互动经济是人类经济生活（买卖方式）本质的回归，人类最初的经济交往就是面对面的、互动式的，而互动经济中的视频直播可以通过视频、弹幕等方式呈现参与者之间的互

动，构建一个虚拟的、"面对面"的、模拟买卖双方的互动
交流关系，从而构建出传统的买与卖的购物场景。通过这种
内嵌的方式进行企业所有产品和服务的宣传、推广和销售，
所有的产品都可以边看边买，这样既拉近了企业和消费者的
距离，也拉近了流量与购买的距离。

　　生产者与消费者之间这种通过数字平台进行"面对面"
互动的沟通方式增加了双方的亲切感，使双方互相了解、熟
悉，并建立良好的信任关系。这在人类历史上，是除了直接
面对面的互动外，第一次通过科技缩短了从陌生到即时场景
互动的距离。这种"视频社交＋"的模式，充分体现了视频
直播在参与感和契合度方面所展现的魅力。

　　在互动经济的场景下，企业的消费者关系将进一步场景
平台化，使企业的产品及服务销售商不但能及时咨询和反馈，
更兼具可观赏性。视频直播是以消费场景为中心，使消费者
与现场的消费场景进行动态实时的连接，使企业播客与参与
者之间、参与者与参与者之间，即所有参与在场景之中的人
都能够实时进行交流互动，在互动经济中，人们就像回到了
传统经济里的大卖场。

　　它颠覆了传统互联网时代缓慢且非即时互动的模式，充
分体现了移动互联时代可以随时随地进行视频互动的优越

性。参与者与企业播客之间的这种积极互动过程是企业播客与消费者之间最丰富、最强有力的相互表达和交流的途径。

这样一来，也就规避了传统电商模式下人与人"远距离"互动沟通的商业模式的弊端，更加贴近人类消费的特点，更加接地气，打破时空距离，使参与者的参与成本更小。所以，互动视频直播是能调动消费者积极性和参与感的更优化途径和实时互动平台。因此，各商业模式经过消费群体连续不断的张网式垂直聚集，有相同兴趣的消费者最终将聚集在同一个垂直平台上，建立起企业的视频直播生态体系。

可以说，互动视频直播的出现将改变多种行业的生存业态，如传统的数字电影院也将加入视频直播的行列，可以转播体育、讲演、培训等多领域的高清节目，并将线上互动与线下聚集融合，衍生出更多可能的商业模式。同时，互动经济的娱乐性和丰富性，将彻底改变分享经济时代的商业模式在初期为了吸引消费者、获取大数据等采用的高投入、客户黏性却极低的形态和困局，在分享经济模式的前期往往需要大量补贴才能聚集消费者。

即时互动视频直播可以使消费者最直接、最高效地调动自己的感知，多角度、全方位地体验和感受新事物的解决方案。同时，视频直播业加速了许多硬件产品的发展进程，如

VR、AR 等硬件设备。未来，随着 VR、AR、MR 技术的成熟，借助科技的力量，人类的人性将得到更大可能的释放，表现得更加多姿多彩，消费者将可以通过视觉、听觉、触觉、嗅觉等行为，参与即时互动，并在场景中产生多重共鸣，获得精神愉悦感。

所以，在互动经济时代，人类将充分展现个体的自主意识和表达欲望的形式，人类的生活形态将进一步丰富和多样化。人类正站在新世界的转折点上，由视频直播所引发的互动经济的颠覆力量，就像亚马孙流域那只扇动翅膀的蝴蝶，会带动整个人类经济进入一个新的时代。

资本的驱动力量
Power of Capital

对于商业的发展走势与市场前景，会计师事务所、咨询公司以及金融资本都是嗅觉灵敏的猎手，他们总能嗅到最前沿、最有发展潜力、最有价值的猎物。和分享经济初期一样，互动经济的初期也会有更多的企业为了争夺视频直播平台而竭尽洪荒之力。

2016 年，一个信手涂鸦的不规则绿色光圈悄然进入了人们的视野，德勤（Deloitte）悄悄摒弃了使用了 13 年的商标，这个带有科技元素的商标，标志着德勤战略方向的改变。[1]

目前，德勤已拥有一支强大的数字化销售团队[2]，2015 年利润达到 21 亿美元。2016 年 2 月，德勤宣布收购了旧金山的创意公司 Heat 成为德勤数字化团队（Deloitte Digital）的一部分。Heat 是一家客户包括视频游戏公司电子艺界（Electronic Arts）、旅行网站公司热线（Hotwire）等，以及获得过戛纳金狮奖的广告商。Heat 是德勤拥有的第 11 家数字化营销公司。早在 2012 年，德勤就已经着手迎接移动革命了，它收购了西雅图的移动应用开发公司 Ubermind。

不只是德勤，普华永道[3]、安永和毕马威都在积极准备迎接新的经济模式的变革。同时，国际最知名的两大咨询公司也在悄然改变，埃森哲成立了埃森哲互动数字营销服务，麦肯锡收购了旧金山的设计公司 Lunlar。就连蓝色巨人美国国际商用机器公司（IBM）也于 2016 年 1 月收购了致力于向企

1　新商标的设计出自德勤内部一个经营了 5 年多的数字化团队 Deloitte Digital。
　　它生产各种视觉和创意的数字化产品，在美国、欧洲、日本和中国都设有分部。
　　随着商家和消费者之间的即时互动逐渐数字化，精准营销、大数据、电商平台、
　　数字广告的发展，美国 Deloitte Digital 的服务包括 UI 设计、电商战略、重新
　　设计网站等。

2　德勤数字化团队拥有 7 000 名员工。

3　普华永道在上海、北京、香港开设了数字化体验中心，陈列虚拟现实等设备。

业提供视频直播专业化服务的 Ustream，也就是说在已经拥有专业的视频内容管理服务公司 ClearLeap、视频存储服务公司 Cleversafe，以及大型文件转移工具公司 Aspera 的基础上，IBM 也具备了能够为企业客户提供完整的视频服务的技术。

收购与整合是资本进入一个新行业的前期手段，即当嗅觉敏锐的资本大规模进入某一领域的时候，预示着这个产业将会有巨大的发展或变革。

竞争激烈的中国市场已经经历了分享经济所带来的风暴及行业颠覆性变革。从电商、团购到分享经济的出行行业，通过资本的反复博弈快速争夺用户、占领市场份额。"互联网 +"思维的兴起使资本得到了深刻的教训，即"宁可错投，不可错过"，这已成为中国在新经济模式与商业模式下的竞争常态。

目前互动经济的趋势已初见端倪，秀场、演艺、户外、电竞、体育、教育等各类主播形态的创业公司陆续兴起，当创业公司完成试水，IP、粉丝等庞大的流量就会引导资本相继进入，成为行业的助燃剂和助推器，这也标志着互动经济时代拉开了序幕。

资本看好这个极具潜力的投资市场，这些资本和互联网巨头（腾讯、阿里、小米、百度、乐视等）[1]悄然入场，并纷纷试水移动视频直播，如腾讯作为中国互联网社交领域的先行者，也是新经济模式的航向标，腾讯发布视频直播 APP，意味着它看好即时互动经济的可靠性和前景。

各个直播平台与传统社交平台通过合作、互补、导流、催生、重构市场等合纵连横的模式，也在一定程度上激活了传统的社交平台，如直播给了陌陌一次弯道超车的机会。传统资本、新兴资本与独立平台展开的激烈竞争，霸道的资本巨头的入场不断收购、整合、重组，从而进行规模化、集团化作战，这些趋势都使直播行业发展驶入快车道，也意味着综合类的直播平台将会出现残酷的收割战，最终将会呈现"各据一方"的版图。同时，也会出现百花齐放的垂直型直播平台。喧闹终将过去，留下的总会是精华。

互动直播这个新兴的行业，作为大型企业的战略级产品，已变成了资本的主战场，但是同业之间如果没有绝对优势的

1　腾讯自主推出的腾讯直播，已控制以秀场视频直播为主的呱呱视频、投资斗鱼 TV；阿里投资了微博和陌陌，网易 BoBo 秀场平台，以及以游戏为主的 CC 直播平台；微博有秒拍、小咖秀、一直播；360 收购花椒移动直播平台，合一集团的来疯和来玩视频直播，并投资火猫 TV；乐视推出体育赛事视频直播平台，并收购章鱼 TV，欢聚时代的 YY 直播、虎牙游戏视频直播、ME 直播，酷狗繁星视频直播，爱奇艺的奇秀，搜狐的游戏八爪直播，暴风影音的风秀直播平台，六间房秀场直播，映客视频直播，熊猫 TV，酷我秀场，虾米直播间，战旗 TV 游戏直播平台，Msee，美拍等各种直播平台。

商业模式、盈利模式及商业壁垒的话，资本就会成为同业竞争中最后决定胜负的主要手段，滴滴、快的、优步模式将会重现。

资本的烧钱大战是为了达到快速占领市场的目的，投资的目标仍然是直播行业未来的盈利能力，这从一个侧面更加证明了，资本看好互动直播这一新型商业模式的价值与前景。可以说，在互动经济下的各种直播模式，有着盈利模式清晰、可以迅速聚集大量数据流量的互动经济，已完成市场和资本的双重认证，这就是市场的魅力。

这些都预示着人类一个新的经济模式时代即将到来。

03

互动经济的特征

Characteristics of Interactive Economy

即时互动经济的特征有：（1）实时交互性，即时、实时、动态、可持续发展；（2）便捷性，跨时空、迅捷、移动、直接、随时互联；（3）快闪性，碎片化、节约时间、迅速聚集、快速组合、快频消费、不可重复性；（4）素人性，生活化、大众经济、更节约成本、素人更有话语权；（5）垂直社区平台，定制化、个性化、联动性、按需生产、集约化消费、迅速聚集分散消费者和互动参与者；（6）自律与信任，自由、开放、透明、真实；（7）精神愉悦性，泛娱乐化、轻悦化、有参与感、愉悦感；（8）聚焦力，遗憾性、直接冲击性、多元性、不确定性。

　　互动经济是一场时效性、革新性的社交革命。它不是基于地理概念，而是基于共同的兴趣与价值观聚集在一起的，更快捷方便的，可以通过即时互动进行社交的社群经济。互动经济的联动性使参与者变得更动态，而且没有固定的形态[1]，所以它属于快频消费（快闪消费）的大众经济，即是一种快闪经济。同时，互动经济的瞬时和便捷很容易导致缺憾，所以互动经济有遗憾性，这也是一种看点，也是一种情趣。

　　美国媒介文化研究学者尼尔·波兹曼（Neil Postman）说过，如果一切文化内容都无声无息甚至心甘情愿地成为娱乐的附庸，其结果是我们成了一个娱乐至死的物种。[2]波兹曼深刻地触及了人性的弱点，即人类的本质和天性是娱乐，所以当人类的生产和物质生活进一步提高后，必然要把许多行业的发展都与娱乐相关联，从而产生与愉悦相关的互动经济。这种互动经济的娱乐性和泛娱乐化是一个极具品牌及媒体效应的，快乐地在数字世界"面对面"的体验经济。

　　互动经济有更自由的平台文化，自律性在即时互动经济

1　在互动经济里，变化无处不在，如团队的组合更加便利。
2　尼尔·波兹曼著，章艳译：《娱乐至死》，桂林：广西师范大学出版社，2011年第1版。

中有着不可代替的作用，这是互动经济自身特点所决定的。每一种互动经济的商业模式，如果不重视平台的自律性，就不可能有可持续的发展。

从商业模式的变革来看，互动经济比以往的分享经济有更大的革命性，传统经销商和中间环节，以及传统互联网思维中的电商营销模式将会被逐渐淘汰。同时，互动经济通过专业生产内容，使市场不断细分、小众化，因此互动经济有着先天的分众经济和注意力经济的特点，通过分众垂直社群进行垂直细分，把以往的行业垄断资源碎片化，所有的产品和服务都可以借助互动经济的理念进行创新与传播。所以，一个新的互动经济生态将会迅速崛起，传统互联网的电子商务时代将成为历史。

同时，传统经济的生产过程是先生产再消费，互动经济的生产过程应该是先确定需求，再设计，然后再制造生产，也就是说按需生产、按需消费是互动经济最主要的特点之一。所以，在此基础上，互动经济将成为实现绿色环保生态结构链的新型经济。

互动经济早期的视频直播有着明显的单向服务性质，低频次交互很难形成长期可持续的社交关系，所以未来它会更多地发展为双向服务性质，即协作、协调、互为娱乐，兼具

工业革命前 ⟶ 第一次工业革命 ⟶ 第二次工业革命 ⟶ 第三次工业革命 ⟶ 互动经济时代

传统面对面即时互动 ⟶ 非即时互动 ⟶ "面对面"即时互动

文字及读图 → 书信往来 → 电报 ⟶ 广播语音 ⟶ 电视购物 → 电子商务时代 → 视频即时互动

公元前　　　　19世纪30年代　20世纪20年代　20世纪80年代　20世纪末　21世纪初

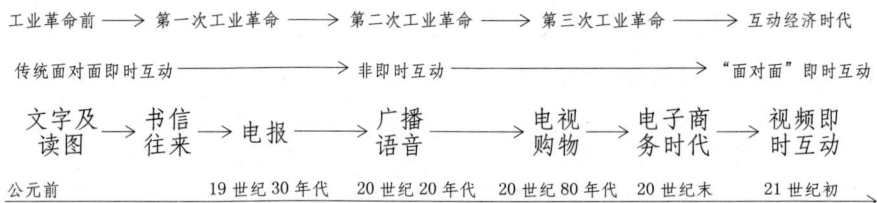

图 1-2　即时互动发展过程图

瞬时性和持续性的双重特性。

　　未来的互动经济将出现两种基本的平台模式，共聚平台（综合性商业平台）与垂直细分平台。在人类经济史上，每一类经济模式都会呈现从野蛮生长到整合净化的过程。互动经济中的互动形态进一步解决了以往信息不对称的问题，将使人类经济迎来全新的内容时代。

04

中国的贡献

Contribution of Developing of Interactive Economy from China

自工业革命以来，在漫长的两百多年中，西方世界一直引领着全球科技与经济的潮流。同时，新技术的不断涌现，也在不断引发经济模式的持续更新，使西方成为全球新的经济模式的领跑者。虽然视频直播初现于美国，但并没有形成快速发展及规模经济，所以也就没有形成完善的经济模式。

然而，在中国，由视频直播所引发的多种形态的商业直播形式的全面探索与实践，使其形成一定体量的经济规模。同时，由于视频直播在商业运营层面上的不断发展，由视频直播所引发的新型经济模式，即互动经济模式，呈现出希望的曙光。

互动经济商业模式的实践运用及全面成熟，一定将从中国开始。这就像第一次工业革命一定会发生在英国一样，互动经济的全面应用、发展和完善也一定应该在中国。比如，移动互联与分享经济发轫于美国与法国，但发展速度最快、最全面、最完善的分享经济实践却是在中国。而当前视频直播在中国大陆的发展势头已日趋多元化，这种态势不难看出互动经济的端倪。

互动经济作为一种新的经济模式在中国出现，有着天时、地利、人和的条件。

首先，从纵向的历史发展规律看，三次工业革命不断将人类的科学技术水平带到新的高度，移动互联、大数据、云端支付、视频直播在可视化虚拟世界交互，以及 VR、AR 等先进技术的突飞猛进，无一不为互动经济的初露头角埋下伏笔，无一不为人类提出、研究并运用互动经济提供坚实的技术支撑。

其次，中国作为全球第二大经济体有着庞大的移动互联资源、强大的移动互联终端数量优势、强大的消费能力、足够广阔的市场空间，以及对新型经济模式与商业模式的探索热情。移动终端的使用者多为活跃的年轻群体，他们具有勇于体验新型移动互联的热情。同时，从经济环境来看，中国在互联网思维的运用上更具有探索精神，如网上银行、电子商务、电子支付等手段远远超越许多在此领域有着保守传统的西方发达国家，目前正走在全球探索的前沿。

从互联网与商业结合的角度来看，中国经历了门户网站平台的热潮、团购大战、论坛社区的博弈、分享经济出行领域市场份额的争夺、网上银行及电子支付软件及各种类 APP 的井喷式涌现等，以及中国资本也更具有冒险博弈精神等。这些因素应该使中国能够在移动互联的基础上形成一个全新的、颠覆式的互动经济模式。

另外，中国还有着特殊的社会历史环境，使许多优秀的人才都集中在商业领域，并热衷于创业。目前，作为中国的第一代商人群体，在经历了 30 年的高速发展后，积累了比全球各个经济体的商人更加丰富的商业经验。他们也更具备冒险精神，以及勤奋努力的工作热情，这些优势都使得中国商人比其他地域的商人对新经济模式的反应更加敏捷。关于这一点，中国资本在分享经济领域的群雄逐鹿，在不同的赛道上的实践即可证明。

最后，从中国的政府层面来看，中国的政府官员在经济的微观层面要比其他国家的政府官员更加熟悉商业，拥有更多经济领域实践的经验。在过去高速发展的 30 年中，他们有机会直接参与项目，掌握更多的商业基本知识、操作方法及商业模式的运用，所以他们做出决策与行动会更加迅速。

综上可知，中国目前最具备实践互动经济这一新经济模式的可能性。在视频直播方面，不论是数量上还是形式的多样性上，中国都已领先于世界各国，视频直播能够在中国蓬勃发展。同时，也能够在由其引发的互动经济中领跑于世界，奏响互动经济的序曲。

中国目前在互动经济领域已经进入了战略与实践的"无人区"，并在互动经济这块未知的领域进行战略性的探索与领跑，在未来众多不确定性中前行。

第二章 ｜ **互动经济改变世界**

Chapter II   Interactive Economy Shaping the World

05

企业播客

Enterprise Podcast

在互动经济下，将会催生出诸多能够即时互动表达各种设计与创意的新职业与岗位，其中最不可或缺的职业之一叫作企业播客 [1]，这也是人类商业史上的"新物种"。

企业播客是在传统互联网网红基础上衍生出来的，是在新型商业模式下个人价值迅速商业化变现的新型职业，是未来个体参与到企业经营中不可缺少的组成环节之一。它将不再是一个基于消费者层面的产品功能的简单介绍者，而是互

---

[1] 产品销售、知识服务等各种产品和服务形态的销售，都属于企业播客，是对一种个人职业的称谓。

动经济时代下在商业运行中的企业商业销售平台中的一种全新的存在状态。

目前的网红们普遍以颜值为基本要求，加上搞怪、"毒舌"、卖萌，甚至"娘炮"等属性，他们也常常把视频平台当作社交网站的接口，通过视频直播平台把粉丝转移到微博，增加其知名度。尤其是秀场直播的网红们，他们常常拥有强大的粉丝群，而粉丝们通过点赞、留言、分享、关注、送礼物等，能获得主播的注意、口播、加微信特权或者连麦的机会，可以与偶像近距离接触，实现梦寐以求的愿望。

但是在互动经济时代，所有产品的替代更新速度将更加快速，消费者很难容忍同质化高的产品，同时参与者对网红及产品的厌倦感、视觉疲劳感、审美疲劳速度也比传统经济更快。所以，虽然目前的网红也似乎有着百花齐放的局面，但大多数还是给受众以平庸、没有个性的感受，在专业知识、特殊技能及传播能力等方面还有待提高。

随着竞争的加剧，市场将逐渐淘汰平庸、缺乏整体策划和设计、内容制作简陋的播客，其发展趋势将更加专业化、职业化、多元化，使更多有综合才能的人在更广泛的企业销售直播领域发挥自己的潜能。市场整体的播送风格也将逐步走出"低俗麦克风"的藩篱，真正崛起一批为企业产品及服务推广的专业垂直型播客（企业播客）。

"播客＋专业知识＋产品和服务＋社交方式"的新型直播商品营销模式，将成为商业销售的常态。未来会出现明星、名人、网红后的第四种公众人物，就是企业播客。

企业播客的功能
Functions of Enterprise Podcast

互动经济时代的企业播客是产品与服务的焦点，通过将轻松娱乐的休闲社交元素与企业品牌、产品及服务推介有机融合的个性化表达，给予消费者亲切的、"近距离"的、零时差的互动交流的精神体验，并以这种精神体验为载体，将企业形象、价值取向以及产品与服务等多种元素融合，使消费者能够比以往更深入、更直接、更透明地了解企业文化与价值观、企业产品和服务的全过程，及企业产品和服务所包含的企业情感。

然后，通过运营播客平台的垂直社群，结合大数据流量与云计算，为消费者提供不间断的、持续优化的内容、产品与服务，进一步进行企业品牌的宣传推广。这种播客采用了新型的、更人性化的演绎方法，有助于与消费者建立深层次的社交关系，将消费者带入以文化为核心的，让消费者有更强参与感与认同感的消费渠道。通过这种极强的互动度可以扭转传统经济中购买转化率低的局面。

这种情况下，企业播客和消费者在一个虚拟的公共空间中，同时又存在着一种神秘的私密感，这样的"面对面""零距离"沟通以及若即若离的互动，把企业与社交、社群充分有机地结合在一起，成为一个新的商业传播途径的生态链。它不仅把传统的网红经济提高到一个新的平台与境界，也将给传统企业带来没有过的新型营销平台。

英国社会学家安东尼·吉登斯（Anthony Giddens）在《现代性的后果》（*The Consequence of Modernity*）中阐述了"脱域"的概念，即一个自然人从他原有的社会关系中被抽离出来。[1] 在移动直播的平台上，播客与消费者都处于"脱域"状态，在这个虚拟的世界里，他们与现实生活呈现出有限的隔离状态，无拘束地还原自我。同时，也以他们在数字世界中的新角色，深深嵌入新的互动平台体系中，形成一种新的关系。

1　安东尼·吉登斯著，田禾译，黄平校：《现代性的后果》，南京：译林出版社，2011年第1版。

企业播客的职业素质
Professionalism of Enterprise Podcast

互动经济时代，所有的商业设计都离不开企业播客这一职业环节，企业播客平台将是未来每个企业必不可少的互动社交型营销平台。如何保持这一平台的消费者黏性[1]和竞争力，将是未来企业信息传播与销售的重中之重。

从职业功能上说，企业播客是企业进行销售、宣传的渠道，是企业新媒体广告设计理念及企业精神、文化和价值观的直接体现。从社会影响层面来看，企业播客也将为社会带来比企业中任何其他职位更深的影响力和更广的影响范围。这些都要求企业播客应该具有特定的个人素质和职业素质。

所以，这个互动经济时代的新"物种"应该是聚集了健康、时尚、智慧等多种要素的组合体，它能够使产品与服务的能量与价值得到最快、最集中、最有效的释放。

未来，随着企业播客的批量出现，企业与社会对企业播客的个人综合素质、要求将不断提高，并逐渐形成企业播客

1　关于消费者黏性，可以从两个不同的层次和维度进行阐述。从消费者与直播平台、产品及服务、企业播客、企业品牌、企业形象，以及企业价值信仰的契合度等维度来分析，消费者的黏性是较高的。而互动经济时代是快速变化的时代，任何消费者都将面临更多的选择和自由度，寻找自己心仪的产品及服务，从这个维度来分析，消费者黏性是较低的。

这个新型职业的整体标准。企业播客将不仅仅负责企业的产品介绍与形象推广，还是向消费者提供消费领域的专业知识与信息的载体。未来企业播客需具备的基本要素包括个人形象、表达能力、直播能力、敬业及努力程度、个性化优势、应变能力、与消费者和粉丝的互动能力、内容销售设计能力、宣传能力，以及对企业产品和服务的熟悉与理解能力等，企业对播客的要求将高于传统媒体的主播。

所以，优秀的企业播客可以导流规模消费群体，在某个垂直领域拥有一技之长的专业人士，将成为企业播客的主要群体。[1]特别是以往的金牌销售人员，将在新型经济模式下获得起点更高、方向更明确的职业提升途径。播客将成为未来年轻人追逐的一个高端职业。

企业播客团队
Enterprise Podcast Team

在互动经济时代，企业应更注重企业消费者群体的关注度及客户流量。"企业＋直播＋播客"的互动平台将成为企

1　未来的播客需要多种才能，如玩游戏、打扑克牌、变魔术，通过各种互动游戏方式与消费者进行互动。

业在社交网络聚集消费群体的最重要销售手段之一。从目前的发展趋势来看，随着互动经济的发展，未来的企业播客将出现企业内部播客团队组合，以及为企业提供播客外包服务的企业外部独立型播客团队、企业外部独立自由职业者型播客三种基本形式。

1. 企业内部生成的播客团队组合：在互动经济时代，企业将围绕企业播客建立起一个系统的、专业为企业播客服务的团队，并在企业播客所需的各个环节进行专业精准的设计，为企业播客量身定制互动内容及产品推广策略。专业的企业播客不仅需要培训，还需要整体的团队设计与运作，尤其在内容生产环节，只有与团队合作，在内容上不断创新，才能使产品与服务获得更多的关注，这样才能使企业在销售运营体系领域形成完全以互动经济模式为基准、以企业播客为中心的产品销售链，构建企业系统的网络直播社交销售体系。

所以，企业把自己的企业播客团队精心打造成某个特定领域的专业团队，将企业播客团队所代表的企业符号无限放大，将是未来企业的追求方向。

2. 企业外部的独立型播客团队：个体网红与主播将逐渐从个体、个人经济行为和"卖艺"形式，逐步实现从个体到公司的转变，即从独立经济体转型为企业型经济体，告别为

了吸引粉丝而不惜铤而走险的时期。这些拥有自己独立团队
的独立播客，将以新型经济体的形态与企业进行深度合作，
为企业做广告、宣传、推广，甚至直接销售。

3. 企业外部独立自由职业者型播客：即以企业外部的独
立个体为存在的自由职业者型播客。[1]

同时，会随之衍生出专业孵化播客的机构及企业，即第
三方播客经纪公司，它负责包装和培训播客，并为各个视频
直播平台和企业输送专业播客，在业内重新定位播客形态。
这种形势下，职业播客将从单打独斗式转型为稳定的联盟化
业态，也改变了以往播客一旦转会就会带来巨大损失的状况，
逐步形成播客与平台共生的局面。同时，对企业提供内容创
作、广告等一系列综合的配套服务。[2]

所以，播客群体多元化将是未来移动端直播的主要趋势。
未来，明星名人也会进入移动端，随时随地的即时互动直播
将是他们的主要工作内容之一，他们比传统的素人主播更具
吸粉能力。同时，随着社会名流进入即时互动直播领域，可

1　包括垂直型（专业领域及行业）自由职业者播客和通泛型（适合多种行业）自由
　职业者播客。
2　目前，主播经纪公司的运营通常是从艺术院校、传统娱乐业、游戏竞技行业及社
　会各行业吸收优秀的内容创造者，采用"规模化、短周期、轻资产"批量签约与
　培训，培训周期短，通常为两个星期，聚焦于线上培训，同时利用优势资源进行
　线下培养，提高主播素质，为直播平台提供主播团队。

以进一步催生垂直细分领域的专业人士加入该行业，使未来的视频直播更垂直、更细分、更有专业技术含量，使广大消费者能够有更多的选择机会，更多地分享到自己喜欢的专业中的细分领域。

企业播客的价值
Value of Enterprise Podcast

在网络社交群中，消费者的猎奇心理以及对企业播客的个体技能与价值认同等是企业播客价值得以实现的基本要素。这种企业播客对相同价值取向群体的聚集和代表着精神层面的认同感，产生的吸引、围观、追随、引领等效应，使企业播客成为企业产品与服务、品牌、企业形象在精神层面表达的载体。它打破了传统明星长期占据高端市场的局面，超越了传统颜值经济的局限，也就是说不再是网红中颜值经济所代表的全部，也不同于韩国造星工厂中必要的整容、整形、健身等要素，而是内容与网络社交聚拢效应的结合体。

在互动经济中，如何激活、吸引和聚合消费者并与之交互，从而形成高效的商业模式，这是未来所有企业都须面临的主要课题。作为鲜活的个体播客，更容易与消费者建立起信任关系，同时也更容易形成情感链接。所以，播客也可以作为一种资产来定义，它和产品、服务共同形成了公司的有形资产。同时，在这种企业播客与消费者形成的双向互动的动态过程中，播客的人格特征也容易被消费者认可。所以，播客具有人格化与资产化的特征。

当然，随着科技日臻完善，播客也可以从现实中的人转化成二次元[1]、VR虚拟人物、人工智能等。随着互动经济的不断发展，企业播客将会呈现更加本色性格的、与产品和服务相吻合的趋势。在互动经济中，消费者的价值取向将与企业产品和服务的生产方向相互作用，而企业播客作为符号化、形象化及企业价值观的载体，无论是三次元还是虚拟形象，都将进一步形成与企业产品、服务和品牌融为一体的生态链效应。

所以，如果说企业播客仅仅是传统互联网销售体系的一种延伸，这在表达企业播客的本质和内涵层面时将具有局限性。企业播客将是互动经济时代下具有颠覆性的全新职业。

1　是以二维图像构成的平面画面，这样的世界被称之为是"二次元世界"，通常指动漫。

新网红

New Online Sensation

随着互动经济的发展，优质的企业播客会逐渐演变成新型的网红，彻底扭转传统网红的社会形象及存在状态。

新网红与传统网红天然的区别在于，新网红是在不断发展的互动经济模式下，人们基于长久稳定的社会分工的职业选择的产物，而传统网红只是一种个体行为，既可能在某个时间段瞬间红遍网络，也可能成为划过网络天际的流星，很快消失在人们的视野之中。

传统网红是以个人魅力而承载关注与聚焦的中心点，是一个主题漂移性的放送，具有不可控性。而新网红团队则是作为一个持续稳定的企业产品和服务内容输出的销售工具和手段，是天然的、完整的商业销售体系中的重要环节，它具有稳定性的情绪表达特征。作为企业销售的前端，它需要把企业产品、服务结构与企业精神价值和文化有机地结合在一起，与品牌相互平衡、匹配。

由传统网红形成的网红经济是一个以自我为中心的经济，在把网红自身商品化、资产化的过程中，需要把个体品牌在稳定、可持续的经营内容中固定下来。而新网红是以用户和消费者为中心的角色，职能主要是扩大企业产品和服务的销售量，以及怎样在企业产品服务平台上，建立并聚集起消费者对产品与服务内容的关注度，它与消费者互动程度强、黏性高，满足消费者对产品和服务内容的期待，并努力使企业品牌、企业文化的生态体系持续固化和符号化。

同质化严重的传统网红基本属于"颜值经济"的一部分，长期依靠段子、荷尔蒙等强刺激手段是不可能产生持久生命力的，用户的审美疲劳和刺激适应症会产生"抗药性"式的连锁反应，这是大多数传统网红们失去吸引力的普遍原因。

新网红是"专业技能型"的变现者，是集互动、宣传、广告、社交、谈资、专业产品及服务、企业文化输出、提出购买意见等于一体的营销载体，同时也是企业产品与服务反馈的中间渠道，是企业通向广大消费者的重要媒介，是通过社交网络来表达企业产品与服务的载体，是互动经济在商业中的应用形态的一个重要部分。新网红在消费者的认知中，应该充分兼顾产品经理、产品推广以及与消费者深度互动的职能。企业产品服务的内容体系，决定了新网红在垂直的商业特定领域的意见领袖与知识权威的定位。

传统网红经济中的网红，更多体现在"人"的作用上，而新网红更多的是需要将产品与服务作为与用户连接的信任关系和情感纽带，把企业的产品与服务进一步人格化，是更加完整地表达企业生存方式的一种新职业。同时，新网红也依靠个性化的播客群体，将企业产品与服务品牌进一步提升与放大，提高企业销售运作效率，使企业产品与服务、品牌、播客、消费者，全生态连接在一个互动社交平台上。

新网红把传统网红在经济和产业中基本只属于"个体商业"范畴的生存状态与企业的商业模式相结合，转型成一个社会化的互动网络商业形态中的平台和载体，是更具备规模化的企业经营销售模式，并且拉近了传统商业中企业与客户的距离，使产品导向更符合客户端的需求。同时也使企业的研发、设计与生产的过程进一步缩短，有助于客户对产品的及时反馈，起到减少资源浪费、保护绿色生态的积极作用。

在传统的互联网时代，网红经济的商业模式从来就没有一个完整清晰的定义。而在互动经济时代，职业播客将会是企业产品及服务的推广、宣传及销售的综合媒介与桥梁，是把个体及团队价值嵌入企业的产品与服务中，并与消费者建立相对信任关系的纽带。

在互动经济时代，消费者对新网红团队的综合素质及价值取向的需求将高于对传统网红所代表的颜值需求，移动互联网企业传播生态将更加趋于正能量。

企业播客产业
Enterprise Podcast Industry

随着播客的不断职业化、专业化，未来会出现一批专门研究互动经济、互动知识、互动商业模式和互动播客以及它们的行为特点的专家。同时，也会使企业更加注重即时互动的策划、内容故事的创造、对各类型播客的系统培训，以及即时互动内容的制作等。

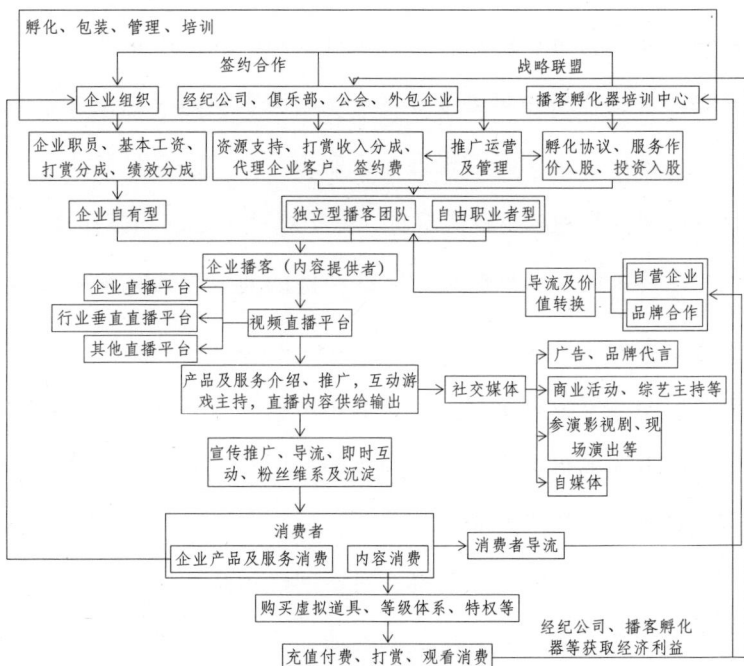

图 2-1　视频直播平台的企业播客产业生态链

　　在播送技术上也会更加专业，传统影视媒体的专业人员将进一步融入互动直播行业中来，越来越多的专业导播参与镜头的调度切换。同时，专业的设计组、节目策划团队等也会参与进来，使视频直播更加丰富多彩、直播内容质量更加精致。

　　在这样的气氛中，知名的播客对于视频直播平台来说，就像电影主角一样重要。同时，著名的播客也会在连续视频直播中进一步固定与其进行互动的消费者与参与者，促使消费者沉淀为黏性更高的"粉丝后援会"。在为厂家产品及服务售卖直播的过程中，著名的播客由于具有强大的粉丝影响力，自带巨大的流量，也会使企业与播客之间的契约关系更加复杂，即一旦知名的播客跳槽，直播平台将面临"掉粉"。

　　随着移动直播和泛娱乐化的广泛传播，有表演才艺的播客也将会在演唱会、活动站台、活动表演、参演电视剧、参演电影等演艺经纪领域获利，使素人播客迅速偶像化、明星化。所以，未来播客的商业价值及潜力将是难以估量的。

06

颠 覆
Overturn

　　在未来的 5 年到 10 年中，由视频直播所引发的互动经济将会出现一个黄金期，所有的传统思维将会被颠覆，所有与人们生活相关的垄断将会被打破，新的经济模式下的商业模式故事将不断涌现。

需求与供给的再平衡
Re-balance of Demands and Supplies

　　第一次工业革命解决了产品标准化及批量生产的问题，

但产品的批量生产和销售一直存在着过剩与浪费。同时，产品生产的过程也被分割成生产环节、中间环节、销售环节、消费环节等流程步骤，并因此产生了供需不对称的矛盾。所以，按需生产、合理分配长期以来成为人类经济活动中的顽疾。

在互动经济时代，人类将逐步解决工业革命以来产品过剩、资源浪费的困局，并改善传统经济中的供给和需求错位、商品流通中信息不对称的格局。因为，互动经济是一个以消费者为导向的集约型经济，所有的商业行为都将以注重消费者端的体验与感受为出发点，消费者的话语权会占绝对的优势，所以互动经济呈现出典型的消费者经济特征。[1]这种生产者和消费者的即时互动，使生产者可以通过互动进行大数据的统计，了解消费者的全面需求，同时也能极大地提高消费者的参与感，增强消费者对消费需求的自我认知，在互动与开放的评论中使消费者的自主感进一步增强。

随着消费者异质化需求的不断提升，企业将更加关注产品和服务的垂直细分市场及其独特性，从而进行目标精准的实时推荐，互动传递针对消费者个性化、多样化需求的产品和服务信息，从而刺激用户更加主动地订阅企业产品及服务信息等，使各种定制化服务更加完善。例如，在互动直播

1　播客也可以引导消费者，与消费者互相作用催生出新的产品和服务。

视频上，生产者可以在展示他的初步方案的同时征求消费者意见并进行交流，快速准确地达成共识（双方经过交流最终达成共识），让消费者按照他们喜欢的设计样式进行投票选择，而后再投入生产。最终，通过直播平台的多样性交流方式，在充满趣味的沟通过程中，使消费者充分感受到个性化按需定制的乐趣，并进一步增强消费者对企业的黏性及认同度。这种消费者对企业的认同感，一直都是企业梦寐以求的目标。

除了关注大众的意向，互动经济更关注小众的社交关系及精准的客户需求，通过在一个小众垂直的平台上形成内部可循环的生态链，实现各取所需、各取所得。在互动经济的供需中，更多的小众群体将得到越来越多的机会和可能性，他们将能够通过相应的垂直平台满足自我定制化和异质化的需求，从而产生更多、更接地气、更有时代感的产品与服务。所以，互动经济让未来生产者能够更节约、更高效，减少库存，赋予了生产者能够满足小众化、个性定制化需求的时代特征，它是需求和供给再平衡的完美呈现。

在当前个性化的时代下，由于双向互动和互动经济的分众性、分层性和多元化特点，打破了多层级的中间环节壁垒，由此带来了可以快速、精准地把供给与需求"面对面"直接连接在一起的营销方式，也就能够更迅速地满足客户的需求，逐步消除生产与需求的信息不对称、不均衡状态。于是，传统商业中的中间环节将逐步被市场淘汰，赚差价的传统商业思维也将逐步淡化。

在这样的情形下，任何偏僻的乡村都可通过"原产地造访"的互动直播方式介绍它们的地区旅游特色、自然资源以及地区特产。这种方式更加直接、透明地满足了消费者的需求，为消费者创造出新的价值，也使互动经济时代的企业有了更加广阔的市场空间。所以，互动经济还是一种重新回归电商时代以前的经济模式，它可以使世界经济本地化、本地经济世界化。当企业和消费者通过互动平台获得透明真实的连接，将使需求与供给在互动经济时代获得更加平衡。

随着互动经济的发展，企业会把线上的"面对面"互动生产、直播销售与线下的实体销售和服务模式整合起来，即把生产、销售、物流、大数据整合成一个有机的生态系统。在有机的生态系统作用下，真正实现零库存。所以，互动经济最重要的贡献就是让人类回归商业本质的出发点，即以需求为导向的这个商业最本质的规则中来。

这种社会资源紧密有机的生态协作，进一步集约了社会资源，使人类的商业生态更环保，成为一个低碳排放量的环保的商业系统，也回到了人类经济的初衷，即生产和消费的两端。同时，人类还会通过不断寻求大数据等科技手段来寻找消费者的最终需求及解决方案。在日益精准的大数据引导下，使生产者得到直接精准的需求反馈，这是使人类所有生产和消费从烦琐走向简约的一个重要手段。这种商业思维有利于个性化、定制化、按需生产的商业模式，使人类生产从中间环节、盲目生产、产品过剩的浪费环境中，从整个商业思维上回到了工业化以前的生态、绿色、环保的思维模式及生产消费体系中。

所以，互动经济又是一个纯粹的客户端经济，它将是人类商业史上一个最彻底的以消费者为导向的经济。而互动经济时代的快速性、流动性、发展性及对优质内容的高度需求性，使得互动经济时代的企业需要在完全动态的环境中寻找需求与供给的平衡，并在下一个动态中，不停地迭代、递进、优化、更新，再一次找到需求与供给的再平衡。

企业竞争的新形态
New Patterns of Enterprise Competition

市场的缺陷常常是经济模式缺陷的直接反应。从奥地利学派到芝加哥学派的经济学家们，一直试图警告垄断对人类经济生活进程的阻碍，重要的原因是西方主导的反垄断法是机械地、僵硬地、物理地来调整竞争与市场的关系。

人类一直在寻找一个更优的用市场规律来解决市场这个自然生态的竞争垄断关系的方法，互动经济时代带来的更有机的互动，可以更加自然地调整垄断与竞争的平衡来缓解垄断与竞争的关系，将会使人们的经济生活更加和谐生态。

第一次工业革命后，机械代替了手工，而它带给人们思想界的是一个僵化地、机械地看待自然事物，解决自然事物中问题的方法。所以，从第一次工业革命开始至20世纪初，企业以前所未有的规模与速度推动了生产力的发展。同时，各企业可以自主根据市场需求来决策、管理，于是实现了大规模标准化的工业化制造，在给人们的生活带来便利的同时，这也在企业之间产生了激烈的竞争，出现了"竞争"这样一个工业时代"崇高的概念"。

从某种意义上来说，竞争这个概念是和人类真正的产品需求背道而驰的，因为不能准确了解消费者需求的竞争很容易造成盲目的生产扩大化，由此必然带来生产资料的浪费。过度竞争会进一步使参与的企业带来大批量标准化的、更廉价的产品，这种工业化生产出来的产品在一定程度上会刺激人类盲目过度的消费，[1] 也会造成生产资料的浪费，使人类与崇尚与自然和谐共生的环保理念渐行渐远。

竞争常常会带来产品和服务具有垄断性的大型企业，因为其具有更多渠道、更高频率和规模化的宣传、广告等，这就使新型中小企业无法获得充分竞争，从而产生垄断低效的缺陷。垄断会扼杀人类的创新和创造力，是违反竞争本质的存在。同时，以往的竞争理念都是从企业管理角度出发，即从生产商、中间商的角度来理解竞争的，忽略了从消费者角度来看待竞争的得失。

人类为解决竞争和垄断问题所发明的最重要手段、方法，实质都是从法律的角度出发，而用法律解决问题的方法是头痛医头、脚痛医脚。目前，西方在自由市场经济下的反垄断法是为了鼓励竞争（反垄断法的主要目的是抑制和分拆垄断财团及大型企业的资源和能力），但是这不能从根本上解决竞争和垄断的问题，也达不到充分竞争，它所带来的最大弊病还是垄断。因为竞争的最终结果还是垄断，即竞争到了一定程度就又是一个垄断的开始，垄断后再进行反垄断法律拆分，这是一个恶性循环的竞争悖论怪圈，问题其实一直没有得到改善，这也是第一次工业革命以来给我们的商业体系带

1　在工业化时代，人类抛弃了定制化和个性化的产品生产方式。

来的弊病之一。

　　所以说，利用法律手段不能解决商业垄断与竞争的根本问题。而且，所有的法律都是滞后的，它比商业生活和商业环境慢半拍，是一个次级的解决方案，更优的解决方案还要回到商业的本质和它的起源。

　　互动经济给新型中小企业带来了更多的出现在公众视野和消费者面前的可能性，产品在公开化的视频或互动的多元化移动互联平台上公开透明的竞争，低成本、迅速而广泛的病毒式扩张与消费者的主动分享，给了新型中小企业更多超越传统垄断企业的机会，这势必将打破传统的竞争壁垒。特别是在资源的利用上，中小企业可以通过互动直播与消费者无缝对接、动态分享，并通过消费者的黏性促进产品和服务不断增值，使新型中小企业这样的"弱势"群体可以迅速成长。

　　互动经济还可以起到监督传统的垄断型大型企业维持良好的产品和服务质量的作用。因为只有这样，垄断企业才有可能保持垄断地位，而不被新型中小企业超越，从而改善传统的垄断企业低效、浪费资源的缺陷。

　　以上这些都将改善工业革命以来的传统经济时代的复杂博弈系统，使人类的经济活动更简单、更高效，也使竞争更充分，有助于打破传统经济中的垄断关系。例如，中小企业拥有一个消费者支持和认可的 APP，就会形成自己的垂直分众社群和细分市场。从而使消费者享有更加绿色的商业环境，减少不必要的中间环节，使生产资料和产品能更节约地垂直分配，更合理化地定制生产。最终缓解以往传统经济中用僵化机械的法律手段低效解决垄断竞争关系的困局，回归到商业的本质。

透明世界里的信任
Trust in A Transparent World

世界上没有一成不变的商业模式，但是商业有着亘古不变的准则，那就是在交易中消费者对产品及服务价值的认可以及对品牌的信任。弗朗西斯·福山（Francis Fukuyama）认为："价值共享缔造信任，而信任则是具有巨大的且可衡量的经济价值。"[1] 信任可以衍生出企业的商业潜力及经济价值。

第一次工业革命前，人们的出行主要靠非机动工具，还没有出现铁路、汽车等更加便捷的远距离交通工具，绝大多数人通常在既定的短途场景内生活、工作，人与人之间是熟

1　弗朗西斯·福山著，郭华译：《信任：社会道德与繁荣的创造》，桂林：广西师范大学出版社，2016 年第 1 版，第 15 页。

人社交[1]模式，人们的工作也都是"传帮带"形式，在一个相互熟悉的、有信任基础的环境中工作、生活。

第一次工业革命之后，随着交通运输的发展以及人在城市的大规模聚集，人们从短距离的熟人社交逐渐步入远距离、大规模集群的陌生人社交模式，形成了一种以契约代替信任的工作社交关系。同时，人类从小规模手工生产转型为机械化、规模化的批量生产，以适应这种远距离分散型的消费者群体，这必然导致现实中的生产交易环节会受到时间和空间的制约，不可能在供销过程中进行完全的面对面销售。并且，这种机械时代的生产模式，必然会经历一个由于商品的规模化生产引起的产品过剩、生产与消费脱节的时期。所以，生产方和消费方常常需要中间分销商来进行分销，这种流通模式也一直是人类商业中不可缺少的环节。因此，人类的商业行为中一直或多或少地存在着信任危机。[2]

传统互联网时代的电商打破了传统的金字塔式的分销结构，但远距离的销售并没有完全解决产品销售中的信任与透明问题，交易过程缺乏即时透明和互动的信任。

1　建立在信任基础上的强社交关系。
2　关于信任，人类对信任的需求与探索由来已久，因为信任是从心理的、社会的、文化的角度，甚至与制度和法律的问题相互交织在一起的，如不同文化中的成员彼此的信任度是有所差异的，但在某些文化环境里的商业行为中一直存在着较强的信任危机。

分享经济的出现，在信任的前提下解决了人类的剩余与空闲价值、闲置的物品和资源、商品在社会中流转的剩余资源价值进行再利用、再分享、再分配的问题，但它是一个类似于工具型的经济模式，所以只是新的互动经济的一个短暂序曲。

真正颠覆传统经济的互联网思维，将会是在互动经济时代解决传统经济中的信任缺失缺陷。科技的飞速发展使人们摆脱了时间和空间的限制，借助虚拟的网络平台进行"面对面"的沟通，使相隔千里的陌生人进行"熟人社交"成为可能，人们之间将进一步形成基于信任的契约关系。[1]

同时，互动经济回归到传统经济中产品的生产者与消费者"面对面"沟通，即商业的本质中来。这就使生产者与消费者通过直接的"面对面"沟通来谈论需求，这也是互动经济去中间环节、精准投放的销售理念的核心，有助于消费者与产品及服务的提供者之间产生更多的信任，形成一个共同体并互相支持，最终恢复到互联网电商时代以前的交易双方的感觉。正如福山所说："经济参与者互相支持，是因为他们相信，彼此之间已经构建出一个基于互相信任的共同体。"[2]

---

[1] 随着科技的进步和社会的发展，信息与隐秘的公开将逐步改变人们理解信任的标准（内涵和外延）。

[2] 弗朗西斯·福山著，郭华译：《信任：社会道德与繁荣的创造》，桂林：广西师范大学出版社，2016 年第 1 版，第 13 页。

　　互动经济形成的新的社群经济可以使众多的拥有共同爱好、价值观、兴趣及注意力一致的参与者汇集在垂直的组织平台上，这种垂直经济社群对信任感有更高的要求。"在一个有规律的、诚信的、相互合作的共同体内部，成员会基于共同认可的准则，对于其他成员有所期望，这一期望便是信任。"[1]因为互动直播属于虚拟场景，所以商业企业在通过直播进行传播和销售时，更关注与消费者之间的信任关系，信任才是提高互动群体黏性的最重要因素。

　　信用是信任的前提，是影响虚拟场景中人际信任的关键要素。同时，虚拟场景中的消费者是原本来自世界各个角落的陌生个体，相互之间在初始阶段并没有建立起信任关系。"彼此不信任的人群最终只能通过正式的规则和规范进行合作。"[2]所以，在互动经济时代的商业体系，会更加注重信用，基于移动互联的互动与大数据，建立起一套完善的生态信用体系，从而加强垂直社区内部的信用度，是互动经济时代信任的核心。在帮助构建并提高互动平台中企业与消费者之间、消费者与消费者之间的信任度的同时，全社会也将会把信用，

1　弗朗西斯·福山著，郭华译：《信任：社会道德与繁荣的创造》，桂林：广西师范大学出版社，2016年第1版，第28—29页。

2　弗朗西斯·福山著，郭华译：《信任：社会道德与繁荣的创造》，桂林：广西师范大学出版社，2016年第1版，第30页。

即财富的理念当成神圣的精神信仰。

诺贝尔经济学奖得主、经济学家肯尼思·阿罗（Kenneth Arrow）曾经说过，信任有着重要的实用价值。信任是重要的社会系统润滑剂。基于信任，在直播的双向互动中，由于泛娱乐精神的指引，互动经济在不断地构建社交氛围，不断地增强趣味性和社交性，在吸引一般消费者的同时，也会调动起以往传统经济中一些有社交障碍的消费者更积极地投入互动经济中来。

在互动经济的平台上，产品和服务是否优质，可以在移动互联平台上充分地反映出来。在诚实与信任的前提下，诚信产品和服务将迅速占领市场，反之，在完全公平透明的互动平台上，巨型商业帝国也可能瞬间崩塌。一旦产品和服务失去消费者的信任，企业就会出现断崖式的毁灭，因为互动经济中的粉丝效应将会迅速失色，消费者很快就会离去。同时，以企业为中心的消费平台这一共同体也将不复存在。"共同体是基于互相信任之上的，缺了信任，共同体不可能自发形成。"[1] 在垂直社区这样一个以消费者和企业为共同体的平台上，由于丧失了信任，所引发的负面传播效应，在互动经

---

[1] 弗朗西斯·福山著，郭华译：《信任：社会道德与繁荣的创造》，桂林：广西师范大学出版社，2016 年第 1 版，第 28 页。

济时代将基本上无法修复。

视频直播作为互动经济时代的前奏，逐渐回归到人类商业的原本形态，也就是即时沟通和即时互动，同时也改善了商业的最本质问题，即信任问题。使用这种基于信任的销售模式的优秀企业，可以通过完整的互动生态链，把产品与服务内容有机地在直播平台上与消费者"面对面"传播，实现企业的迅速扩张与发展。这将比传统的网络电商更加集约成本，也更能提高效率，同时也能缩短传统网络营销中的延迟感，彻底扭转传统经济中烦琐的网络营销渠道的困境。

由于每个企业都是垂直直播的主体，通过企业播客来宣传和销售产品与服务或品牌，使企业的产品与服务最真实透明地直接面向消费者群体，可以有效地改变网络电商阶段的假货与欺诈行为，大大缩短优质产品及服务品牌的推广时间及成本。所以，信任在互动经济时代将成为产品与服务最直接的变现手段。

因为是"面对面"的直接互动传播，所以在互动经济下，企业应该比以往更加注重企业责任，以及顾客对产品和服务的信任。这种"企业传媒＋销售"的商业模式将会对企业播客提出更高的职业要求，因为企业播客的自身素养直接影响企业的品牌与销售，即"推荐与信任"，这也是互动经济时代企业播客应该聚焦的最重要的两个特质。企业播客这种信任代理方式将改变以往企业信誉与责任的内涵，促使整个商业环境更趋向诚实与信用。

所以，互动经济作为一种可以聚集商业资源，真正让商业回到原本的以信任为核心的本质中去的经济模式，将真正颠覆几乎所有的商业领域。在即时互动经济时代，人类个体与组织的信用将提升到前所未有的高度。互动经济通过大数据直接绑定每个个体与组织的行为，对个体与组织将起到更强的监督与约束作用。并且，在大数据技术的不断演进下，将会出现以信用值为衡量个体与组织价值标准的形态，即信用就是价值。

信用将是即时互动经济时代支撑所有财富创造与消费的支点，即人格—认知—行为—信用—能力—价值—财富—幸福。以信任为基石，将会帮助人类构建更完善、更规范的信任体系，在此基础上将产生大量的财富与价值，最终走向共同幸福。

07

重新定义
Re-Definition

　　互动经济是人类的一个新的经济模式，从一开始就有免费、跨界和公益性的基因，而跨界融合会使它的生态体系更加趋于完善。所以，互动经济将重新定义传统的资源、产品和服务、基础、时间、空间、协作、所有权、创新等概念。

产品和服务
Product and Services

　　在过去的工业时代中，企业面临的更多的是产品怎样销售，因此造成了传统企业的过度生产，并占用了很多社会资源。未来的互动经济更关注的应是结构、系统、平台、生态这样一个递进过程。它将会带来一种平台型（平台即服务）的商业结构，通过精准的订制、制造，使社会资源得到重新分配，满足人们更加注重创造、创新、客户体验、娱乐等的需求，即在互动经济时代的企业将更注重价值的创造，重新解释产品和服务的内涵和外延。

即时互动经济下的产品构成[1]是由即时互动经济平台进行系统统筹的生产过程，即利用即时互动式的大数据进行精准的市场调查，从即时互动创意到即时互动内容的策划、即时互动表达方式、即时互动展示，再到通过与消费者进行即时互动进行产品的精准定位，最后到订单生产，然后物流配送到消费者手中。产品更加智慧、更加人性化地尊重消费者的体验，使消费者感觉到一个工业产品不光有实用性，还有了更多的内涵及精神体验，如愉悦性等。

1　这里的产品构成是指产品本身及生产产品的流程综合属性。

竞争、协作、资源与所有权
Competition, Collaboration, Resources and Concept of Ownership

在互动经济下，传统的资源理念与竞争要素将重新被定义。过去重要的竞争要素是资源，有多少资源就具有多大能力，能做多大事。而在互动经济时代，由于技术的发展，传统的资源概念将被重新定义。因为资源是应该被充分整合的，不能够充分整合的资源将不是可以利用的资源，同时资源都是客观存在的，客观存在在整个互联网生态平台及其他平台上，人们需要做的是怎样去获取、连接、利用和整合这些资源。所以，在互动经济时代，以往囤积物资的商业思维都将成为不明智的做法（因为供给特别充足，快销，不需要留恋）。

同时，传统的企业更关注竞争和竞争对手，关注竞争对手做了什么，然后加以应对。而在互动经济时代，竞争门槛更低，[1]竞争将越来越激烈，所以将更关注协作、合作，更注重体验，企业的注意力将更多地放在客户端，也就是彼得·德鲁克所说的企业创造客户。

在互动经济时代，不论空间（现实空间与虚拟空间）、地域，每个人都可能成为竞争对手或是合作伙伴。因为在互

1　同时，在互动经济时代，由于技术的进步，许多工业技术层面的系统集成越来越复杂，反而提高了技术门槛。

动经济时代，人们的生产关系发生了质的改变。在互动的平台上，可以迅速号召社会力量进行组织生产。同时，互动经济将使人类走向更加自由的生产方式、更加扁平化的组织形式、更加垂直化的表现形态，组织力量将比传统经济更强大。

在一个自由、垂直、扁平化的社群内的人群有着共同的归属感和信任感，因此，互动经济重新定义了基础、时间、空间和协作的概念。垂直社群越来越聚焦在一个层面或者一个点上，既节约了社会资源，同时把基础、时间、空间、协作融合在一个平台上，又提高了成功概率。在互动经济时代，增长的规律都将改变。

互动经济是一个开放的体系，给了人们一个相对平等的起点。相比传统经济，互动经济提高了不同的个人和不同的人群彼此间合作的可能性，这种协作模式带来了更高的协作效率。玩视频直播的新生代将逐步成长起来，并最终在掌握社会资源分配的决策权后全面崛起。他们将形成新的用户习惯，他们可能互不认识、互不了解，但是可以顺畅地在移动互联网上展开协作。他们可能瞬间组成团队，协作解决问题，也可以在问题结束后瞬间解除这种协作关系，形成快闪式的组织形态，互动文明就可在这更加紧密的协作基础上建立起来。

因为更加开放、透明和更充分的跨界融合与竞争，加上更加便捷的资源是互动经济时代的支撑点，所以互动经济将打破所有商业的界限，动摇传统经济中的所有权划分的界限。即财富的分配与划分、私有财产的所有权将会重新被定义，人们将在一个没有界限的互动平台上进行充分有机的生态活动。比如制造者在迅速积累财富成为投资者，服务商也可能成为跨界金融的提供者。在这种共同参与的新生态下，商业的界限变得越来越模糊。

互动经济模式下的资本还将更加青睐于拥有互动经济思维的创新商业模式和具有创新技术的创新型中小企业，并将资源更快捷、更透明、更公平地注入这些有互动经济基因的企业中来。所以，谁先注入了互动经济的基因，谁就将拥有未来。

智慧是第一生产力

Wisdom is the Primary Productive force

工业革命前期的经济活动主要是手工制作和贸易，第一次工业革命把人类和机器聚集起来，制造了大量标准的由机械生产的产品，但所带来的工业文明的生产组织形态是僵化的、机械式的。第二次工业革命的能源革命解放了人的体力。

第三次工业革命拉近了人的距离，解放了简单的计算及知识型工作。虽然这三次工业革命都带来了颠覆性的变革，但它们都是以制造和资本为中心、以知识为驱动。

在互动经济时代，随着移动互联的飞速发展，人们的思维和接受知识的方式、机会和角度都得以扩大。智慧与创新成为互动经济时代的核心标志，如何释放人的思想和智慧，使人类智慧可以得到充分的挖掘，是互动经济时代的核心焦点。智慧将是未来最重要的生产力。即互动经济将是以智慧和创新为中心、以智慧为驱动的经济模式。

智慧是创造力、想象空间等一切优秀思维的集合，想象空间、思考、战略环环相扣，密不可分。随着互动经济的到来，技术的发展，它可以充分解放人力作为资本的智力资源，人类将有机会更加全面地认识自己，挖掘自身的智慧资源，并把智慧资源变成未来发展的第一要素，使创新创业更加贴近每一个个体。

创业者在一个开放、透明、真实的互动平台中，从思维到战略到具体的各个环节都会迅速得到诸多人的关注、支持及协助，并可以迅速组成创新创业的团队。所以说，互动经济是人类经济史上最能够体现人类智慧的经济形态之一，它使人类灵感的光芒不致被空间、时间、物质压垮毁灭。即使是一个很小的想法和创新点，只要是智慧的、可行的，只要在互动经济平台上展示，使创意能够充分地表现出来，就能得到迅速地放大，创造出物质产品、服务产品及精神产品，从而最大限度地发挥人的力量和价值。

所以在互动经济的商业环境下，人类的智慧和才华可以迅速转变为货币价值，这个从 0 到 1 的创业创新过程，有着传统经济不可企及的新高度。

再有，互动经济时代也是一个可以迅速颠覆巨型商业体系的时代，由于公开透明、去中间环节、电子货币、灵活的个人投资、众筹等特点，以往的金融行业的经营业态将彻底被改变，僵化的、集中的财富分配与管理会更加碎片化，人类的财富分配将遍布世界的各个物理生态角落，如偏远山区的农民可以把他的传统手工艺木雕通过互动视频直播卖到全世界。

所以，互动经济真正释放了个体的智力和想象力，使人类更有感知力和创造力。智慧将是互动经济时代的第一生产力，是搭建互动经济商业文明的基石。互动经济将彻底颠覆前三次工业革命给我们带来的标准化、工序化、规模化、流程化的生产模式及其背后的一切逻辑，摒弃和打碎传统制造业留下来的一切僵化的、程序性的观念。同时，互动经济依旧会给我们带来与前三次工业革命一样的颠覆性震撼。

昨日最佳的商业模式也可能慢慢失去它的价值。

人类的特点是可以延伸自己的智力，把自己的智力依附于工具和科技，给人类带来方便，即从体力的延伸逐渐发展到智力的延伸。互动经济时代，在大数据支撑的智慧化生产过程中，人类的工作和生产效率将大幅提高，产业链将得到高效整合。传统制造行业将会被人工智能智慧体系（IOT）全面覆盖。未来，智慧的制造业将会崛起。

可以说，互动经济是一个智慧的经济，是人类从思想到整个行为过程的一次彻底解放。互动经济环境会给人类带来一个目前为止最节约、最绿色的社会经济综合生态环境，将彻底改变人类以往的社会生活结构。人们将用智慧创造财富，用智慧创造未来，用智慧来构建整个人类社会。

全球化新概念
New Approach to Globalization

由于互动经济可以把全世界各个角落的资源充分连接起来，在一个庞大的网络空间进行再分配和再平衡，所以它将逐步改善人类自工业革命以来就悬而未决的社会经济发展不均衡的问题，以及延伸出来的诸多现实问题，如金融危机等。

在互动经济时代，移动互联将使企业在诞生初期就是一个国际化的互动互联平台，科技研发、团队组建等资源都可以通过互动方式在全球范围内按需配置整合，形成资源的共享与交互，不再受时空束缚。这种更多的信息表达，使中小企业越来越能够展现它们存在的价值。

所以，在互动经济时代，产品从策划、定位到投放将会更加敏捷。通过大数据等移动互联网时代的技术，产品在设计之初就可以精准定位（消费者规模、区位、关注点以及未来对产品的需求等）。这种互动式形态将成为初创企业迅速成长的基因。

目前，在互动经济的萌芽期，它的影响还主要限于商业领域和科技、经济生活中，但当互动经济发展成熟的时候，它将会对人类的整个生活起到巨大作用，影响到全球的各个方面，包括经济、社会、政治、生态等。在互动经济时代，人类会把注意力更加集中在贫困、疾病、教育、环境、娱乐和生命的意义、人与自然的融合等人类可持续发展的问题上。

在以往人类解决全球一体化的问题时，常常通过制定法律制度来解决全球一体化竞争中会遇到的问题。这种先设立法律框架，再搭建全球一体化体系的做法，是僵硬的、机械

化的传统工业时代的思维。随着互动经济的到来，人类将有
望在资源配置、生态发展上出现再平衡，先解决资源配置、
生产、消费、环境等问题，再逐渐从经济上过渡到全球一体
化的制度层面，这时所用的就是自然生态的思维，而不再是
僵硬的法律体系，[1] 从而完美解决人类全球化进程中面临的问
题。在这个更自然、更顺畅、更生态的思维基础上，会使全
球一体化的进程更顺利。[2]

1　从僵硬的法律体系开始设定全球一体化的框架，这种机械式的思维方式从本质上
　　是错误的，不能像自然而然生成的事物那样完美。就像做过整形手术的人一样，
　　远看她很完美、很精致，但是她不是自然生态形成的，所以你总会看到她不自然
　　和僵硬的部分。
2　如在全球化的进程中，地缘政治、经济结构等不可轻易解决的壁垒和藩篱，特别
　　是 WTO 的破灭，将会使全球化走向一个死胡同。

08

互动思维下的教育趋势

Education Trend under Interactive Mind Set

互动式教育思维

Interactive Education Thinking

　　教育的本质和目的应该是使学生形成认知及自己的主观价值体系，而教育者是提供引导、资源性知识及方法论的载体。

　　工业革命以来，建立在标准化、工序化、规模化生产的思维方式基础上的人类教育体系，沿用了普鲁士教育垂直化、模块化的教育思想（掌握某项独立的技能），它的特点是把所有的知识垂直体系化，从而造成了整个认知体系的割裂化。这种教育方法与工业革命时代的社会经济需求及商业需求是相互匹配的。

互动经济将逐渐弥合传统教育体系中知识体系与知识体系之间不能融会贯通的缺陷。因为互动思维天然的跨界融合属性，必然将促使原有的各种条块分割，相互割裂的知识体系进行横贯、融通、整合，回归到系统性认知教育的理念中来，使之成为一个新型有机的、全生态的知识体系。

同时，它也对互动经济时代的教育模式提出了新的要求，激发人们思考并着手教育模式的改革，以培养出具有互动思维的创新者和建设者，让人们更好地回到人类与自然环境和谐共进的初衷。

与人类的经济变革相比，人类在教育思想上的改变总是滞后的。当前知识的跨界融合具有必要性，并且已经越来越成为常态，在这样的移动互联时代，人类却还在沿用两百年前确定的教育思维。这种教育方法因其割裂性，缺乏必要的横向联合及互动，培养出来的学生缺乏横贯能力、关联性思维及系统性认知能力，难以契合互动经济时代对智慧型人才的需求。

虽然任何知识都是有限的和有时代性的，然而人类的想象力和概括能力却是无限的。互动式教育的思维体系应是纵向垂直的理论知识与横向的知识、实践融合关联的动态的教育形式。通过多维度、多样化、交互式的教学方式，更加贴近受教育者的好奇心、责任感和荣誉感，对受教育者的系统性思维方式进行训练，提升受教育者的创新能力（具有创新思想）、综合分析解决问题的能力，使受教育者更加适应互动经济时代的生态环境。

（1）互动现象式体验

互动现象式（Phenomenon Method）教学是互动式教育思维的第一要素，现象式教学从互动的角度出发，通过构建互动式场景，使受教育者可以在开放式的实践、操作，与参与者之间的互动中，提升知识、理论及实践能力。

互动现象式教学以场景教学为平台，着重培养受教育者形成以思考为中心，多维度分析及解决问题的能力，颠覆以往教学中以知识为中心的"纸上谈兵"式、"经验"式解读的教学方式，它使整个教学过程变成受教育者自我经验的积累过程。通过引导、启发、优化场景设计，使受教育者产生代入感（互动虚拟场景与事件的结合）、参与感、愉悦感以及成功感的体验。通过轻松的现象化、情景化互动，提高受教育者整体的横贯能力、认知能力、创造能力以及思维方式。

互动现象式思维常常体现在教育者团队内部多学科合作（通过多学科教育者之间的合作，完成嵌入式互动教学场景），与以分组集体的受教育者共同做作业的互动讨论方式来进行的互动合作对等教练式教学（教育者是平等的参与者和团队合作者）。在整个互动场景中，教育者与教育者团队不是一个被动式的参与过程，而是一个主动嵌入式的参与过程。

它改变了传统的传道授业解惑的知识与经验灌输的指导者、教育主导者的形象及教学思想。通过充分尊重个体感受来增强受教育者的主动性，培养受教育者对事物主观观点的形成及自信心。同时，也使教育者能够更直接、更快捷地得到更真实的反馈信息，掌握和调整教学内容及进度，形成互动反馈式教学方式。

（2）互动冲突式教学

在互动经济的思维理念下的互动式教学中（在公开透明的程序中），冲突是最重要的要素之一，这种对抗与竞争的感受能够增强参与者学习、分析与思辨的积极性，也可以帮助参与者了解多元的思想和思维方式，有助于增强受教育者的系统思维及认知能力。[1]同时，在互动冲突中，还有利于参与者提高理解分享、尊重、自我反思、批判性思维的独立思考能力。

1　因为在互动经济时代，与知识相比，培养受教育者的系统思维及认知能力在教学体系中将更加重要。

（3）主题式互动教学

通过选定现象或主题进行开放式的讨论与思考，得出多项性解决方案，每个成员在形成自己的答案的同时，也会考虑到有第二方案的可能性及选择路径。这种互动式思维模式的形成，可以使受教育者更加接近现实生活中解决实际问题的思维方式，同时也可以形成第二方案也会成为一个备选方案的思维习惯。这种以思考为中心的研究、分析、探索维度，是互动式动态流思维程式的一个特点。

互动思维下的教育过程不单单是一个知识的获取过程，更是一个增强认知和思维方式的教育过程。移动互联时代使很多具体的基础知识都可以通过"一键式"的互联网查找获取。在这种新的环境下，如果继续沿用传统的教学方式来获取知识，在一定程度上是对教学资源及受教育者时间的浪费。

而这种互动的现象主题冲突式的教学方式，可以使受教育者在互动学习中，提前主动查找资料获取知识，参与到互动式学习中来，同时受教育者在独立搜集资料、思考、得出自己结论的过程中，也更加理解担当与责任感的重要性。

在互动式教育思想指导下的主题式项目学习过程中，每一个项目的讨论和解决总会有一些相关、重要的程序是反复出现的，这就解决了传统枯燥反复练习的习题作业式的复习方式，有利于对重要知识与操作流程及思维方式的理解和沉淀。从而为互动经济时代培养和输送真正有互动思维的未来人才。

互动式教学的参与者
Participants of Interactive Education

互动式教育要求所有的参与者应具备互动思维（互动现象式、冲突式、主题式等思维）。

互动经济时代的教学实践者应该具备整合综合能力、团队精神及系统思维体系，有能够组织受教育者进行讨论、归纳总结的能力，以及前瞻的内容创新和开发能力。因为这种互动式教学模式需要各科教育者之间的团队合作，所以必须打破以往传统教育思维中的垂直学科分块教学的方式，并在各科垂直教学的课程基础上，不断地使各科知识横贯、融合、互动，从而形成有机生态的知识体系。

互动经济时代的教育者，还需要把复杂庞大的知识体系浸入式地穿插在各种互动主题之中，使生动、快乐和愉悦真正走进课堂，从而更顺畅地开发人类最宝贵的资源——智力，并使之为创新所用。因为只有在自由和宽松的状态下，人的创造力才能得到最大的释放，这也可以激发受教育者步入从兴趣到探知，到整合，再到有创造的愉悦的主动性教育理念中来。

所以，我们有理由相信，互动经济时代"教师"这个词语可能会被重新定义。

为了实践的教育
Education for Practice

互动式教学是一种过程教学，是一种在过程中获取知识的思维体系，更加注重训练参与者对问题及解决问题的知识的系统性、关联性，以及解决问题过程中的时间、速度与综合整合能力。而传统教学则是以结论的"正确与否"为判定标准的思维体系。所以互动式教育思维可以使所有的参与者从传统的寻找正确答案的教育中解放出来。

互动式教育思维将深刻地影响传统的严格纵向分科的教学模式，这个教学方法更提倡交叉、跨学科、融合及横向关联的思维，更注重现象式、冲突式、主题式教学，把分科教学和横贯式教学有机互动整合，从而真正实现引导和启发式教学。

　　互动思维的教育理念、方法和技巧既充分弥补了传统教育的不足，还有助于培养有创新能力、协调能力、互动沟通及表达能力（所有参与者之间的沟通能力）、总结能力、积极主动的学习能力（解决问题的兴趣）、逻辑思维能力、认知解读能力、团队精神和实践能力（解决问题的能力），以及有独立人格、有思想、有勇气，更加自信、更注重个人价值及拓展关系（互动式教学可以使每一个人得到比传统教育中更多的关注，更有利于个性和创意的释放），可以在未来互动经济下实践创新的新生代。

　　所以，未来引导研究式的互动式教学将成为互动经济时代教学的主流，将更加人性化地彻底改变传统教育思维体系中受教育者缺乏自我认知及实践能力的弊病，让教育重新回到文艺复兴时期的教育是为了实践[1]的道路上来。

　　基础教育是真正培养一个人思维习惯的开始，即一个人未来思维方式的形成阶段是在基础教育阶段。所以在基础教育中，采用互动式教育尤为重要。通过互动式教育思维进行基础教育，可以使基础教育的受教育者（中小学生）从僵化的、传统的死记硬背、照本宣科的桎梏中解放出来，还可以改变

1　文艺复兴时期的人文主义者坚信教育能彻底改变人类，以"自由学习"即综合人文教育为核心内容，强调对学生美德和智慧的追求和实践。

他们的应试心态，并激发他们的创造潜能。

　　互动式教育思维可以使人性得到自然的释放，用更加自然的方法去想象、创新，认知世界、理解世界的运行规律，而不再是人为分化、割裂地去认知这个自然有机的世界。

09

社会的结构变化

Shifting of Social Structure

从原始社会、奴隶社会、封建社会，到第一次工业革命以来的资本主义社会，人类各个历史阶段的各种政治经济权利的划分，都是经过长期积累所形成的。目前，随着时代的变迁和科技的飞速发展，社会经济形态悄然发生改变。

在互动经济时代，所有的经济权利都将在瞬间形成。它将催生一个新的商业自由主义精神，企业的产品与服务进一步融合为一体，它的基础是科技与商业的完美结合。这种商业思维将影响人类社会的各个层面，带来人类思想、商业行为、商业生态、生活行为及整个社会结构形态的变革，颠覆人类以往的经济形态。[1]

新的组织生产模式
New Organizational Production Pattern

　　在传统经济模式下，人类长期被束缚在整个社会形态结构中，而在互动经济下，人们将逐渐摆脱传统社会经济结构中的各种束缚，从传统的集中体系演变成更加分散的个体组织形态，从而将使人们的生产方式、生活方式、消费形态及所有权发生结构性变化。个体及小型组织将具有更多的自主权，并在一个全新的、平等自由的经济框架下形成新的组织生产模式。

　　互动经济的基本功能是可以使资源迅速聚集到一个地方、一个行业、一个项目。它的生产组织方式不像传统的工业时代那样机械化，将呈现出点状的、迅速聚集的、更柔软的形态，并以此来整合互动社会资源。它促进了社会结构进

1　在以往的人类经济生活中，如奴隶社会，绝大部分人都要受制于生产资料的匮乏及奴隶主思想和形态的控制进行生产劳动和生活；而封建社会，劳动者也是按照上层统治阶级的安排来进行生活劳动；第一次工业革命以后，人们生活的节奏加快，整个社会也是必须按照资本的意志来运作，资本把人们分配到各种生活空间中进行工作生活。

行有机生态的流动，这种有机协调社会结构的能力是以往历次工业革命无法突破的。

同时，在第一次工业革命后，机器逐步取代了体力劳动，改变了农耕社会的社会结构，并产生了庞大的工人群体。第二次工业革命实现了规模化生产，同样也大规模创造了无数新的就业岗位。即在每一次工业革命中，社会结构都会相应地发生调整并创造出前所未有的新的商业模式，产生出新的行业和就业机会。在历次工业革命的每一个发展阶段，就业者的劳动技能都会得到逐步提高。所以，互动经济时代也一样会使很多行业与岗位消失，但同时也会带来更多的新行业与就业机会。

传统的工业文明把人这个万物的精灵通过各种管理手段变成组织内的标准化的"机器"，而互动经济将把机器变成有情感、会服务、有思想的"人"。所以，互动经济改变了以往三次工业革命给人们带来的工作的"痛苦"，而给人们带来更多快乐的工作和快乐的生活形态。

技术变革的根源是思想的变革。在互动经济时代，消费者消费思想的变革将会促使企业的产品与服务竞争更加激烈。同时，激烈的竞争也会促使联盟与合作将比以往对合作伙伴及战略合作伙伴的关系的要求更加系统、完善，即在移动互动经济中，所有的工业形式都在向服务化转变，未来的制造业与服务业必将融为一体，制造即服务的概念将会成为普遍共识。

制造业与服务业之间关系的变化将影响到商业模式的变革，再间接地逐步引发人类经济结构的变革，经济结构的变革会促使社会结构不断变革，以适应人类经济社会的变革。

扁平化的社会组织结构
A Flat Social Structure

人类的组织形态从原始社会到现在，不论是家庭、部落、企业，甚至国家，一直都没有改变过金字塔状结构的组织形态。

由于互动经济的便捷性，人类工作的节奏也会随之加快，同时人类的休闲时间也逐渐增多，就如陪伴式的商业模式逐渐走入人们的生活。经济生活的改变必然影响到人类生活方式的改变，随着家庭越来越趋向小型化，家庭结构必将随之改变，传统的家族概念将逐渐淡化。

互动经济还将颠覆传统工业社会中的各种组织化的社会协作与生产。以往的工业社会文明给人们带来的是金字塔形的组织管理模式，而互动经济将打破人类几千年来的金字塔式的社会结构，使之更加扁平与灵活，更加个性，更加人性与娱乐化，将给人们带来一个新的组织管理世界。

　　互动经济时代，由于有了各种互动平台，人们可以在各种互动平台中自由地沟通、交往、联系、交易、销售产品、索取服务等，它可以更直接、更面对面地进行需求的供给与索取。同时，从表面上看，也形成了各种各样的、独立的、碎片化的垂直平台商业结构的小型组织形态，这些使社会结构更加去塔状化、扁平化，使内容生产者可以高效精准地向第三方及受众传播专业内容的组织方式，将成为在互动经济时代占据主导地位的组织结构形态。

垂直的小众平台
Vertical Minority Platform

　　传统的网络化组织形态是一个扁平的架构，而互动经济是更立体、更互动的网络形态，[1]它将是一个没有阶层的，可以在里面持续自由互动的结构，互动经济时代把平台的连接节点从平面化结构变为立体型结构。同时，其形态也在持续

1　可以设想它是一个镂空的，像化学分子、化学元素一样结构的组织形态。

的改变及不断的裂变过程中衍生出各种小型的组织形态，这些小的组织形态继续不断生长，裂变出新的单元。从企业的角度讲，这种社会形态的不断裂变，也将逐步去除工业革命后的僵硬的思维方式，如用僵硬的法律方式（如反垄断法）来解决平等和公平竞争的问题。

互动经济的形态越碎片化，整个社会的节奏将越加与以往不同。在互动经济时代，移动互联把碎片化的小平台更加垂直化，同时形成节点式的网络分布，逐步消除传统经济的中心化平台，形成碎片化、垂直分布的节点平台。

所以，互动经济时代所有的社群将不断地趋向专业化和垂直化，把兴趣爱好及需求趋同的人群聚集在一个平台上，使其产生一种互动立体网络状的社会组织结构。每一个互动网络都有自己的节点，每一个节点上都有自己的互动平台，逐步构成小平台与大平台相互依存的经济社会结构。互动经济的这种社群观念将不再是一个传统的地缘类社群概念，而是一个更抽象的，在虚拟世界中的垂直分众社群的观念。[1]

在这种互动经济的推动下，垂直的、小众的、独立空间的生存机会会越来越高，也就更容易产生更多独立的移动端应用，并在此基础上形成独立的商业模式，平台的小众化将

---

[1]　分享经济时代已经初步探索了社群的变化。

会促使众多新的、小而美的垂直小众平台出现，这将是未来互动经济时代商业模式的主要发展方向。[1]

互动经济时代的前奏——互动直播的必要参与者播客，本身就是一个分众平台，播客与播客的连接会构造新的平台，同时，各个播客背后的企业是生发分众平台的顶层平台，从而构造出互动经济初期的自组织、自生长、自连接、自互动、自修复的新型立体网络节点平台。

未来，大到物联网、智慧城市、无人驾驶等，小到一个企业播客，都应是靠平台驱动的，所以在互动经济时代，组织的平台化非常重要，所有的组织都将变成平台型组织。

生活方式的改变

Reshapping Lifestyle

随着互动经济模式的不断成熟，分众平台作为互动经济时代主要组织单元的不断发展，新的以知识为代表的中产阶级将不断壮大，人类的财富分配将更加均衡。

1　在互动经济中，除微信这样的垂直媒体外，手机上还会有更多跟工作和爱好有关系的、小型独立的垂直媒体，一个 APP 就可以看作是一个媒体，所以 APP 和自媒体相融合非常关键。

　　传统的经济组织是被动式地在固定的时间、固定的地点进行重复劳动与服务的，即时互动经济将逐渐冲破传统组织的桎梏，充分发挥每一个有创造力的个体的特长，激发他们的潜能，通过主动的劳动与服务创造财富，完成对社会劳动服务和价值创造的贡献，实现人类个性的解放。所以，互动经济改变了第一次工业革命以来劳动与就业的关系。

　　由于互动经济的参与者更加分散与垂直，而每一个参与者都可能成为一个分众平台的节点，客户端的权利将不断放大。所以，在即时互动的经济时代下，碎片化的小平台将引发更多的以自由职业者为主体的小型组织或个人的独立经济体出现在社会上，以更灵活的商业形态顺应互动经济时代瞬息万变的商业环境。

　　他们依靠协作及系统执行性的团队来完成工作，大部分社会财富的创造和积累将通过这些小型垂直平台与独立个体的结合来完成。同时，由于即时互动经济有强大的组织能力，可以在非常短的时间内聚集起庞大的系统性团队与组织。

　　所以，互动经济下的新的生活形态使人们拥有更多的选择自由，如可以更加自由地按照自己的理想选择职业、生活状态，甚至感情生活及精神世界等。

　　在互动经济中，由于任何的产品和商业模式，包括服务模式都将快速互动，财富的积累和裂变将会越来越迅速，新的财富的拥有者及精英阶层也会在不断的互动中形成、涌现。他们有着与传统精英阶层本质上不同的思维方式，他们的思维更加平民化，这些新生代精英对财富的价值观念将不会像传统的精英阶层那样固化与保守，从而构成更加多元、多层次的新型生活形态。

动态思维
Dynamic Thinking

静态思维和动态思维是企业的两种商业思维方式，而在互动经济时代，这两种思维的体现将比传统经济时代更加鲜明。静态思维包含的要素是传统企业关注的企业规模、内容、生产方式、运营方式、团队构成、资金结构等传统的经济模式中所呈现的要素等，这种传统的静态的思维方式易于掌控，而新的互动经济将释放与静态思维方式不一样的动态思维能量。

互动经济时代最重要的核心是其动态价值是否足够高，新生代人群是社会经济动态转型的开拓者，这种动态的转型具有的价值将是互动经济时代最重要的支点。所以，判断互动经济时代商业模式成功的要点，是动态价值在其可持续发展中所起到的作用。

　　科学技术的发展是人类社会进步的阶梯，移动终端、大数据等的快速发展与有机融合，为互动经济的诞生和发展提供了必要的技术条件，并将促使移动视频直播这种新的经济形式从青涩逐渐走向成熟。未来，动态的互动经济将真正和互联网社会融合在一起，通过新技术来改变人类的生活形态与社会结构，VR 的火爆就证明了将虚拟现实直接引入即时视频直播的必然性。所以，人们必将告别传统的互联网思维方式，迎接一个新的互动式的"虚拟的现实"式的思维模式的世界（在虚拟的世界中感受现实的存在，在现实的世界中感知虚拟的存在，在现实与虚拟世界中交互。虚拟现实只是一种技术，"虚拟的现实"则涵盖了哲学的意蕴）。

10

即时互动的力量
Power of Real-time Interacting

互动经济时代唯一限制我们的只有我们的想象力。互动经济带来的全民即时互动，使消费者和生产者双方的界限在商业模式中更加模糊，它更加注重参与者终端的体验，消费者的权利将会越来越大，企业产品和服务的宣传推广将越来越多地采用娱乐化的方式呈现。

所以，互动经济会有以往的经济模式不可比拟的长尾市场，巨大的消费者群体将造就下一个全新的社交风口，商业模式的触角在不断进化和分化中，也将逐渐延展到新兴业务领域。这些都给未来的商界提供了全新的、多范围的，比以往各经济模式覆盖面更广的、全系统的想象空间，将引发更多行业的变革，并延展到产业链的上下游，甚至盘活整个行业，[1] 从而在变革中改变人们的生活方式。[2]

从技术层面上看，技术在变革，人类的价值观与生活形态也在变革。在互动经济时代的虚拟人际关系中，动态、分享、边走边看、消费 + 娱乐、边看边买，将成为未来人们日常生活的一部分。视频直播、企业播客、IP、内容、游戏解说等也会是人们生活的要素。[3] 移动互联形态的文创产业将进一步融合与发展。多地同时举行线上与线下活动，联合互动直播将成为常态。人们获取旅游资源、民风民俗等社会知识将更加直观、更加动态，也会给各种社会组织提供更多样的垂直平台，取得更广泛的关注度， 如 NGO 组织会在扶贫、乡村教育等项目的操作上更直观、更灵活。

互动经济时代的企业将从电商的静态销售模式发展到"面对面"互动交流的动态模式。因为这种互动经济的思维可以找到许多市场空白点，进行商业的拓展，生产商与消费者可以直接互动，完成销售，彻底改变和颠覆了电商作为中

1　陌陌等传统社交工具因为直播而被盘活。

2　如将会出现视频直播门户搜索平台。

3　"papi 酱"首条广告于 2016 年 4 月 21 日以 2 200 万元的天价拍出。

间环节的商业运营管理模式。如通过移动互联视频直播平台，企业可以利用播客团队进行产品或服务的直播及销售等。

传统企业可以通过广泛合作、资本运作等方式在互动经济时代广泛布局，在巨大的受众基础以及平台自身内容建设、跨界合作、拓展业务、广告规模化、长尾特征上，互动经济将形成多个良性生态闭环平台，并利用互动平台全方位展示自己的企业文化、产品生产过程，并且实现与消费者的实时互动。

由于互动经济提供了更加透明的商业环境，企业必然会更加透明地呈现在消费者面前，这将开启企业诚信的新时代。即时互动的销售模式给企业的销售、产品与服务提出了更高的要求[1]，企业将更加注重消费者客户端对产品的需求、使用体验、满意程度及服务质量，并加速催生新的内容生产和输出模式，把更多权利交给参与者和消费者。

同时，企业也面临着"随时的"企业文化、产品性能和质量的风险，因为企业之间的竞争将更加激烈迅速，几乎所有的同业竞争者都将在一个直播平台上进行展示。企业再也不能忽视消费者的消费体验，而且必须更加注重提升具有异质需求的

1　如用工匠精神制造出真正精致、精美、更加人性化的产品。

消费者的消费体验与感受。只有产品和服务更加完美的企业才能赢得更多的关注和美誉，这是一个优质企业的过滤器。

互动经济时代，企业将更加注重"用户时间"概念，即企业如何占用用户时间，以哪种方式占用用户时间，制作怎样的内容占用用户时间，且在占用用户时间时提供什么样的产品和服务，这也是辨别优质企业的标志。所以，互动经济时代企业的服务与产品将更加完美，由互动经济催生的商业模式必将在未来成为全球高成长的领域。

互动经济作为一个开放的经济模式，它的兼容性非常强，可以使分享经济模式与之融合匹配，形成新的商业模式。比如把分享经济的概念加以融合，在一个 APP 上点开地图，就能看到全球 24 小时视频直播的内容等。

即时互动经济因其低成本、可复制，一部分服务将实现彻底免费，从而把某些传统的商业领域公益化，优化社会运行机制，使人类获得更多的自由和解放。这种免费消费形态也必将催生出新的销售模式——集群式销售模式，即通过迅速聚集人群来进行消费，在短时间内可以销售出以往传统经济下不可想象的数量众多的产品及服务。因此，即时互动经济是人类历史上更加集约的经济模式。

未来，随着互动经济的发展，互动经济的生态系统将更开放，参与者和消费者将更年轻，体验更多样，技术更符合移动端特点。互动经济也能够带来令人难以置信的移动端的用户规模，"一对万""一对百万""一对千万"的集体聚焦案例将成为常态，使越来越多的人能够同时获得更多的幸福感。

同时，将会出现诸多即时互动垂直平台，使全球更多的人加入即时互动中来，人人都可以在一个生态更开放的虚拟空间内与世界零时差地交流互动，充分表达喜爱、厌恶、赞同等情感，公开发表自己对事物的观点。这种形态将更加满足人类对于真善美的追求，使人们可以看到更远的风景、更细腻的社会人生、更真实的信息和知识以及更有价值的分享。例如，通过视频直播互动，任何一个偏僻的角落都拥有了向世界展示自己的机会，那些遥远的世界将不再遥远。

互动经济通过更人性的用户触达方式和社交工具，进行人与人、人与机器的连接，更充分地释放人类的天性、参与感、竞技意识，使客户端有了更多的选择权和自由度，能够更真实、更人性，也更符合人类的好奇心，让人们分享自己的生活和快乐，使人们具有了相对更宽泛的社交环境，也增强了人与人之间的信任感。

只有符合人性的商业模式才能成功，而互动经济具有可以满足很多人性层次需求的特点，是符合最佳商业模式理念的经济模式，这使有着互动基因和社交属性的即时互动经济有着天然的吸引力。

11

美国的互动直播

Live Broadcast in America

目前，中美两国是世界直播业最发达的国家，美国的直播方式可以简单总结为"带你看"，而中国是"给你看"。

在大洋彼岸的美国，Meerkat是第一个暴红的综合型直播平台，由本·鲁宾（Ben Rubin）在2013年创立，它开创了移动视频直播的新时代，Meerkat通过消费者点击爱心表赞及写评论的方式加强参与性与消费者体验，是全球视频直播业的先驱。

2015年，Meerkat对美国得克萨斯州奥斯汀举办的西南偏南音乐节（SXSW）的直播获得了极大的成功，但这个全球移动视频直播的鼻祖却因难以盈利而陷入困境，旋即由 CEO 本·鲁宾在 2016 年 10 月宣布终止视频直播服务，并将重点转移到一家视频社交网站上。

由贝克普尔（Beykpour）和伯恩斯坦（Bernstein）在 2014 年创建的 Periscope，是又一个西方世界著名的综合性视频直播应用平台，它的用户大多数是素人群众，主要内容是随时随地分享做饭食谱、旅游风光等以个人生活为主的生活直播频道。它的围观参与者可以通过触屏向大众化的平民播客送爱心，而人气高的播客也可以在后期得到企业的赞助并获得经济效益。

其实，在美国有比 Meerkat 更早的公司进行游戏直播，即 2011 年成立的 Twitch。2014 年 8 月 25 日，亚马逊以 9.7 亿美元收购 Twitch，开始把美国带入了游戏视频直播的热潮。夸张一点说，全球在 Twitch 上看游戏视频直播的人比看美国有线电视新闻网（CNN）的人还要多。

在美国，视频直播观众有付费消费的习惯，也就使游戏直播产业生态趋于稳定成熟，在这种商业环境下，观看电竞视频直播的竞猜奖金池都超过传统体育行业。当然，这与在互联网时代成长起来的新一代年轻人的活跃程度远超于传统观众有直接的关系，即观众年轻化。美国的传统电竞市场的商业模式已被视频直播所打破，Twitch 作为实时流媒体直播平台，代表了美国电子竞技视频的主要形态。

Beam[1] 创始人兼 CEO 马特·萨尔萨门迪（Matt Salsamendi）说，Xbox 更加专注于社群，并希望 Xbox 在游戏直播互动上得到更多年轻人的喜爱。

目前，脸谱网（Facebook）、谷歌（Google）、推特（Twitter）也先后推出了视频直播。2015 年 9 月 14 日，脸谱网第一次发布了视频直播，推出的 Facebook Live 无须额外安装独立应用，还可长久保留回放，并选择公开范围[2]，开启视频直播就等同于分享个人状态。这给参与者带来全新的体验，不仅增加了用户黏性，同时媒体公司与明星和脸谱签署协议，也为脸谱带来新的增长点，马克·扎克伯格（Mark Zuckerberg）加持后的直播因此火遍全球。2016 年 4 月 12 日，脸谱宣布开放视频直播的应用程序编程接口（API），鼓励场景视频直播。2016 年 6 月 2 日，马克·扎克伯格在 Facebook Live 上做太空直播。

2016 年 4 月，谷歌推出了 YouTube Connect。YouTube

1　Techcrunch 报道，微软宣布收购了西雅图即时互动流媒体视频直播服务平台 Beam。借助 Beam 平台，观众不仅能够观看游戏视频直播，还可以实时与玩家进行即时互动。

2　即只向自己、好友和关注自己的用户公开。

Connect 天然地可以和 YouTube 进行互通，有支持社交和即时互动的聊天、标签功能，在 YouTube Connect 的"new feed"目录下能够看到好友及在 YouTube 上订阅的视频片段。同时，具有储存及沉淀视频直播的功能。

2015 年 3 月，社交网站推特收购了 Periscope，这种商业模式部分重叠的形态给了推特和 Periscope 更大的想象空间。

除此之外，还有专为私人亲友社交圈服务，可以切入商业场景的视频直播平台 Peek，和专门为青少年群体服务的 YouNow。

虽然 Medium 发文《移动视频直播的悖论——这是我不看好视频直播平台的六个理由》让整个视频直播界似乎蒙上了一层阴影，脸谱网也在困惑如何填补内容空白，但我们相信，扎克伯格看到了未来视频直播的希望。

虽然 Meerkat 倒下了，但是脸谱网还在希望的路上。不过新一代以 VR 为利器的视频直播创业公司，如 NextVR 将会是它更加强劲的对手。

在中国的视频直播行业百花齐放、蓬勃发展的业态下，相较而言，美国视频直播的内容就显得过于单调。回头看中国直播业的模式源头，早期电竞直播基本模仿 Twitch，综合类、娱乐类直播基本模仿 Meerkat。但目前中国的直播行业与美国的直播行业相比，势头更猛，发展前景更好，商业模式更多样灵活，有更大的发展空间。

在美国，未来占领大部分互动直播平台的将是谷歌、亚马逊、脸谱这三个互联网巨头，它们分别占领着国际搜索引擎、电子商务、社交领域的市场。中国互联网界的领头企业百度、阿里巴巴和腾讯（BAT），恰好分别占领着中国搜索引擎、电子商务、社交领域的市场，所以，未来在中国有强劲的互动直播竞争力的也将是 BAT 这三家企业。

"橘生淮南则为橘，生于淮北则为枳，叶徒相似，其实味不同。"西方不亮东方亮，在西方视频直播还在不断探索的背景下，中国的视频直播异军突起，这是因为中国有着与西方国家完全不同的商业环境，中国移动互联网化更加彻底，"互联网 +"思维在商界得到更普遍的认可，中国有世界上最大的在线消费者市场，有更便利的社会化营销传播渠道、众多的移动终端使用人群、变化迅速的流行元素、发展强劲的流媒体业务、更便捷的移动支付手段和更迫切的社交娱乐需求。

第三章 | **即时互动的魅力**

Chapter III　Attraction of Real-time Interacting

12

创造一个幸福的世界
Creating a Happier World

在闲暇的时间里
In Spare Time

　　互动经济的迅速发展，首先取决于支撑互动经济的移动互联技术的成熟和网络带宽的发展。正是技术的发展才使移动平台和移动设备可以提供更加实时清晰的图像，并给人们提供了更快捷的需求满足，以及激发人们挖掘自身新需求的新型渠道。同时，移动终端支付技术的广泛应用超越了时空局限，大大缩短了人们从"寻找"到"喜欢"，再到"购买"的距离，它所带来的即时消费的可能性悄然改变了人们的生活消费方式（人们越来越依赖移动互联的生活方式，以及即时性消费进一步刺激人们成为重度移动互联用户）。

其次，随着医疗水平的提高，人类寿命逐渐延长，带来不断增加的人口密度和庞大的人口基数。并且随着科技的进步，云计算大数据技术的广泛应用，虚拟技术、人工智能等的成熟与应用等，使许多以往人的劳动将逐渐被机器所代替。

在这种情况下，人们将有更多的闲暇时间来满足个人的兴趣爱好和个性发展的精神需求，越来越多的人将把更多的时间放在体育健身、游戏、旅游等综合文化活动中去，也就是说，人们有更多的休闲时间来进行各种更自我的活动。

于是，一部分人，特别是新生代，有了比以往更多的"用不完的无聊时间"。年轻人的心态是"不等待"，他们不能忍受传统的视频节目制作和漫长的发行过程；同时，新生代更喜欢的多元化表达方式催生了多元化需求，而且新生代人群更加追求精神上的消费，即娱乐消费。连接一切的移动互联时代的到来，使新生代有机会实现去"看一看"的窥探欲望，社交方式逐渐转移到线上（屏幕前的人生权重正在大于屏幕外的生活）。

这些都给即时互动提供了可能，使互动平台更具有空前的号召力，因为互动本身可以给人类带来愉悦感与幸福。同时，互动还可以满足消费者即时消费的渴望，即"我马上就要"的心理需求。时间的安排决定了文明的状态，人类把时间花在哪里，人类的经济模式就出现在哪里，尤其是新生代的时间安排。所以，直播作为互动经济最先出现的承载模式，迅速成为符合新生代需求的一个新的消费领域。

在闲暇时间里，无论是视频直播聊天、歌唱表演、美食制作、野外探险、旅行、远程教育培训及知识类的分享互动，甚至真人秀直播吃饭睡觉等，只要是有消费者需求的商业行为，都会有大量的消费者参与互动。因为这些场景都可以通过视频直播呈现给关注他们的消费者和粉丝，这是视频直播平台拥有的强大交互能力和即时交互机制。它改变了传统商业模式下单向信息输出的僵硬局面。对于打造企业播客的影响力来说，是最佳的商业渠道。

幸福感

Happiness

心理实验表明，人与人之间有各不相同的距离感，而人类的情感特点则是有被人关注的愿望和需求。充满了娱乐成分的互动经济，因为更关注人类本性的需求，更注重"关注"

与"爱"这些人类生活最重要的组成部分，所以可以从一定程度上缩短人与人之间的距离。

科技的发展使线上与线下交互不断逼近，而现代人类无所谓区分真实与虚构，只要满足情感依赖，通过娱乐消费方式和价值观来填补精神空间即可。在入口免费的互动视频直播中，可以使消费者拥有"被关注"以及偶像是触手可及的但又处于若即若离位置的奇妙感觉。同时，不断有各类新的信息加入与分享的交互性、社交属性、实时沟通和反馈、随时随地评论的便捷性，也给集体无意识的围观者带来了全新的情绪发泄通道。

这种互动视频直播具有的颠覆式的实时聚合、实时呈现、实时互动的表达能力所带来的移动互联体验，使交流有更清晰、更真实、更全方位的互动感。精准推送、即时触达正在发生的碎片化的真实事件，使参与者及时互动地获得最初的知识和信息需求，都给参与者带来身临其境和即时体验的愉悦感受和既得幸福感，并通过这种在近距离社交中的细节体验，帮助参与者建立起更接近真实的虚拟社交关系。同时，它还可以填补参与者真实社交的不足，缓解参与者的社交压力，使参与者获得自我成就感和心理满足感，并形成沉淀式的心流感。这种给消费者带来的难以抗拒、富有依赖性的幸福感，将进一步激励参与者全身心地投入互动世界。

"直播真人秀"是目前互动视频直播在各个商业细分领域中应用最普遍的商业模式。受天然的好奇心唆使，人类有强烈的关注他人生活的愿望。而"夜总会"式的直播秀场，既可以把人们带入播客的生活世界，满足人们观看他人生活的心理，同时，它的陪伴功能更贴近网生时代的观众口味，在无聊、免费与性的综合作用下，调动消费者的参与积极性，消耗无聊时间，缓解消费者压抑的情绪。

其次，人类又是具有很强控制欲的"物种"。通过不断提升的趣味性和现场感所带来的可以传递更多感情的模式，如人们可以"面对面"地通过互动直播平台部分远程控制播客的行为，使终端消费者的话语权呈现出越来越大的现实形态。这既体现了人性的满足感，同时也是一种幸福的心理体验。

再次，"直播真人秀"等"面对面"的互动消费内容的娱乐方式，不需要有意义，因为它除了能满足年轻人的"无聊需求"外，还能消耗业余时间，使消费过程成为一种消遣的工具。通过有趣、刺激、逗趣的呈现方式，使人们猎奇、臆想、窥探的心理在获得满足与释放的同时，也使参与者放松了心情，并在一定程度上达到"互相发现"的社交需求，从群体狂欢的态势中进一步找到自我满足感和成就感。

所以，对于有空闲时间的人们来说，这种陪伴分享式直播（参与感、伴随感、代入感是陪伴分享式直播的特点）精准地满足了这一心理需求，特别是初期的"直播真人秀"，既可以满足人类的虚荣心及情感依赖，又满足了人类渴望被关注的心理需求。最重要的是，这种互动方式使受众不是特别警觉，因为它没有直接传递某种价值和信息（并不需要像以往一样说的每一句话都一定得有意义）。所以，互动视频直播看起来不失为情感方面问题最佳的、最经济的"端到端"的解决方案。

泛娱乐化

Pan-entertainment

随着移动互联技术的突飞猛进，以及互动经济在人类生活各个领域的不断拓展，人类进入了泛娱乐时代。在泛娱乐精神的指引下，互动经济进一步填补了寂寞的消费者的空虚闲置时间，有效地缓解了一部分消费人群的"社交障碍"，使消费者在一定程度上更深层次地感到幸福，也进一步拉近了企业与消费者或参与者、参与者与参与者之间的心理距离。

互动经济时代这种鲜明的泛娱乐性，指引着互动视频直播商业模式的方方面面。例如，如果互动综艺类产品在直播的过程中，娱乐性地跨界融合其他行业的内容，有着动态的多种形态的变数，将带来更多的意外和悬念。这些意外的看点与噱头更人性化，也有更强的互动感，使直播平台达到了与参与者长尾需求的巧妙对接，及网生代聊以慰藉、吸引播客注意的效果，实现社群效应的新高度。所以，在泛娱乐时代的各类综合节目、各种商业模式中，都会有更强的消费者黏着性，使互动视频直播生态体系稳步发展。[1]

幸福的世界
A Happy World

互动经济与传统经济相比，还有一个重要区别是，互动经济更加注重消费者的情感需求，是即时互动的纵深拓展，是更成熟的社交生态体系。因为它要求产品与服务能够在精准地匹配消费者需求的同时，使消费者在消费过程中产生精神愉悦感。而不可或缺的企业播客，使互动直播具有极强的聚集参与者注意力的能力，这就意味着互动经济同时还是一个"注意力经济"。播客所具有的这种对参与者情感、价值

---

1 如现实社会中的男女比例失衡状况，可以使人们的部分情感需求转向在虚拟世界里寻求慰藉。

及心灵唤起的功能，带来了使参与者感到幸福的衍生价值。

互动经济还弥补了传统经济忽视小众需求者的缺陷。传统经济更注重大众服务体验，而互动经济有更强的整合碎片化底层资源的能力。无论多小众的需求，都可以在互动经济时代的互动中得到体现[1]。这样的互动模式能够让消费者有可能看到他所定制的产品在每一个生产环节上的即时形态（如原产地造访），即在即时的画面里，向消费者呈现每一个激动人心的瞬间。在尊重消费者消费行为的同时，还能给消费者带来幸福与愉悦感，从而创造一个幸福的世界。

这种互动交流方式使生产者更容易唤起消费者内心深处对未知的渴望及情感需求，唤起消费者的心理共鸣，从而进一步增强和沉淀消费者对生产者的黏性和精神认同。

同时，在互动经济时代，人们将感觉人人都可以成为播客，人人都可以参加互动，人人都可以以平等的视角表达自我，人人都可以参与生产，人人都有充分的自由来围观事件。这可以使素人阶层在刷存在感的同时，获得参与感和认同感，充分唤起素人在虚拟世界里的心灵满足感和自我成就感，使素人感到一夜成名仿佛不再是梦想，并将形成趋同的素人价

1　比如消费者定制一台冰箱，可选择其颜色、外形等，这些都可以在该企业互动直播的平台上与生产企业的播客进行无障碍的沟通，生产商流水线开放。

值观。当人人都是网红，也就没有了网红（传统粉丝经济下
的网红概念将逐步弱化）。

　　所以，互动经济所体现的对消费者心理需求和精神体验
的注重，以及消费者与生产者的界限将日趋模糊的现实形态
所形成的良性循环，将逐步释放出越来越多的正能量，把强
我变成利他的思维。在这样的心怀利他的世界里，人类将获
得更多幸福。

13

互动经济的消费模式

Consumption Model of Interactive Economy

传统的消费过程是通过媒体、广告的推送，使消费者对产品与服务产生认知后进行消费。网生代消费者则对这种传统的、经过长时间制作的、经典的、反复播放的广告产生了厌烦，他们青睐更多元、更有随意性和更体现即时互动性的自媒体互动式推送，并在互动式推送的过程中进行消费，从而形成网生代的过程消费模式。

互动经济的这种过程消费体现在过程经济里。在内容生产者与消费者高效、真实、透明的场景式互动中，通过满足消费者对产品及服务的各种提问、咨询和要求，增强消费者对内容生产者、产品和服务的信任感，使消费者在互动过程中即可完成对产品和服务的消费。所以，过程消费将尤其注重消费者与内容生产者的表现力与互动力。

在当今信息丰饶的精神文化消费领域，内容生产已经逐步平民化与素人化，具备讲故事能力的生产者都将是互动经济的参与者，这种多维多元的表达形式，是以往各种商业模式不能比拟的。同时，科技的发展使全民参与的操作程序更加简易、便捷，这就给互动经济创造了一种将消费场景作为沟通媒介的价值。在这种情形下，互动经济时代形成的是一个全民既是内容消费者，又是内容生产者的全民参与消费模式。

互动经济时代还延续了传统互联网时代的免费思维。在互动经济时代，"一对万"的集群式消费，全民生产内容和信息的环境与趋势，以及低廉的制造成本，移动互联便捷快速的传播渠道，这些条件都使互动经济时代的内容和信息趋向免费。

但是，互动经济时代的消费者因为会群聚于垂直细分的，有共同价值信仰、共同爱好及追求的商业模式的互动平台下，当他们面对有价值的优质信息、知识、资源及内容时，即便有免费的驱使，依旧愿意不断地为稀缺性和价值信仰进行付费。

其实知识本身就属于虚拟产品的范畴，当人们通过移动互联寻求任何可能的解决办法时（如如何开车、怎样使用某种产品等），都属于获取知识和使用知识。随着互动经济的发展，知识的运用将逐步脱离传统扁平的单向的书本、文字、图片、录播视频这些非互动式的获取方式的局限，越来越场景化。并且，随着知识水平的不断提高，人类对知识需求和重要性的认知将不断升级。所以，人们将越来越需要购买知识，也越来越乐意为喜好的知识付费。

快闪消费是互动经济时代的又一特点，这得益于互动经济的本质即时性，以及科技发展和网络带宽给互动平台消费场景带来的便捷性。新型的互动经济型企业已经逐步习惯快闪消费这一商业模式，所以越来越注重如何在碎片化、预期不明确的消费场景中不断培养深度消费者，不断创造新型消费场景及其衍生价值。

网生代对网络具有与生俱来的依赖感，他们的生活更加虚拟化。同时，移动互联的便捷性进一步加剧了网生代通过网络社交进行消费的行为取向及生活方式，以及科技的进步带来的虚拟社交平台的现场感，使互动经济时代出现并固化自闭式消费模式。

娱乐化消费也是互动经济时代的消费模式，因为在泛娱乐精神指引下的互动经济时代，互动经济的消费过程是一个经过情感包装的"事实"，随之而来的场景式营销融合了互动游戏及深度动态交互的娱乐化内容生产，使消费者形成在娱乐中进行消费的生活方式。

互动经济时代更注重满足小众需求，按需设计、按需生产、按需消费将成为常态，所以企业将需要庞大的产品和服务的设计群体。互动经济的便捷性将使未来有越来越多的消费者参与到产品和服务的实际设计中来，生产者与消费者的界限将越来越模糊，一个新的生产设计群体将在互动经济时代崛起。所以，互动经济还属于自愿型消费经济，是消费者自愿为其存在感需求、精神需求、知识需求等进行消费买单的经济模式。

随着科技的发展，视频直播这种互动经济初期的表现形态的内容将得到升级，将更便捷化、移动化，视频直播可承载的新的价值也将越来越多、越来越广泛。如在知识直播中，消费者可以完全释放个人的兴趣爱好，在互动场景下学习更专业的知识，从而使消费者在类似的消费模式及消费过程中，体验互动经济互动感的乐趣。

14

话语权的转变

Shifting of Barganing Power

　　人类的传播渠道经历了从传统的文字、图片、语音、摄影、录播到当前的移动直播的过程，文字、语音的记录和传播会带有非常强的创作者的主观色彩，图片的设计也同样带有创作者的价值取向，摄影、相片亦承载着摄影者断章取义的好恶取舍，这些作品的话语权几乎都掌握在创作者手里，都不能趋向真实地、全景式地反映客观事实。

　　互动经济时代有着更加公开透明开放的特点，人们有了更多的话语权，能够在虚拟社区的平台中进行点评和评论、抒发自己的观点与情绪。人们的联系也将更加紧密和迅速，越来越多的人能够体察他人的生活世界，实时了解他人的日常生活状态。这不但增进了人与人之间相互的关注度，进一步促进了彼此的深度了解，也使更多的优秀内容得到更多人的赞许与尊重，给内容的创作者带来更高的自我评价，同时也能通过差评和吐槽遏制低劣的内容或价值观。

所以，随着互动经济时代的到来以及移动互联网的发展，话语权的结构性要素将发生改变，并逐渐表现在它的展现形态中。精英的话语权将逐步减弱，即传统的话语权将逐步从精英阶层转向普罗大众，传统的名人明星的地位将被重新定义，话语权将越来越平民化。人们对明星的持续关注时间将会越来越短，这将促使未来将有更多的社会精英涌现在虚拟世界里。[1]这不仅打破了传统明星名人与普罗大众之间的距离感，也使普罗大众具有更强的话语权来决定名人和明星人气的兴衰，进一步加速精英阶层中明星名人的地位所确立的话语权逐步转移到普罗大众。

互动经济给生产者、服务商、内容制造者和参与者、消费群体带来的相互对接、交流及互动的平台，超越了传统的明星名人的曝光方式和出现在公众视野的途径，从而普罗大众也开始有机会进入他人的视野，成为焦点，面向全体受众

1　2015 年，周杰伦进行视频直播，观众超过 1600 万人。

进行即时互动交流，占领自己的细分市场，并拥有有黏性的粉丝。同时，在泛娱乐精神的指引下，任何拥有粉丝的普罗大众都有成为 IP 的可能性，并随着有共同兴趣、价值观及爱好的粉丝数量的不断累积，IP 价值得到不断放大，形成"马太效应"。

任何素人文化、泛文化都是亚文化开始发声的初始表现，所以互动经济时代的话语权将逐渐转变，形成无地域限制、无时间限制的"直播＋互动＋娱乐＋参与"的新经济时代的标准模式。

15

垂直互动社区
Vertical Interactive Community

垂直社区文化建设
Forming of Vertical Community Culture

　　人类是社会型生物，本能地希望得到外界的认同，并在获得认同感的同时持续不断地寻找同类、感情羁绊、价值信念和身份认同。

　　在互动经济时代，随着粉丝经济的进一步垂直化、互动化和碎片化，传统的网络社区形态将逐步转变成新的、不同定位的垂直网络社区，即社区垂直化。这种由精细划分的互动场景、播客团队的现场解读、碎片化的消费群体聚合而成的不同兴趣及价值的网络垂直部落，可以更加高效精准地传播内容。例如，垂直社区中所感兴趣的任何新闻及信息都将可能在第一时间以视频直播报道的形式向受众呈现。

这种基于价值观和个人兴趣趋同的，满足用户深层次需求的思维，让垂直社区的聚集更加牢固，也有助于形成用户对垂直平台的强烈归属感和内嵌式社区互动交流方式。同时，传播方式的移动化和受众时间的碎片化，可以快速积累精准的用户数据，使垂直社区具有快速聚集、解散及联动的特点。

瞬间的联动会带来一个全新的垂直社区的聚集，与此同时，因为消费者有了更多的可能性去寻找契合自己价值取向的企业产品、服务、文化和人群，这样的垂直社区边界将更加模糊，其没落也会更加迅速。所以，粉丝的迅速聚集和一定程度上的迅速流失都成为一种可能，这也迫使互动经济时代的任何一个小众垂直社群，都会为维持垂直社区的文化而不断努力、创新，生产优质内容。

未来，因为垂直模式能聚集、吸引并满足用户深层次需求，垂直社区会变成人们融入周边环境的必要条件，并且会深度占用用户时间。所以，互动经济时代的企业，谁拥有垂直平台及主体用户，并且使它生产制造的所有内容都为垂直用户服务，形成、维持并固化其独特的垂直社区文化，谁就将拥有未来。

粉丝的碎片化
Fragmentation of Fans

由于互动平台将颠覆传统的媒体，把绝大多数人吸引到互动平台上，使分众社区的形成更加直观和快捷，互动平台的追星模式也将变得更直接、更有互动性和参与感。同时，全民互动的趋势可以使独立个体的价值得到充分发挥，并拥有更多在平台表现的机会。互动经济下个体价值的崛起，正是走向去中心化的垂直细分市场的必经之路。

所以在互动经济时代，素人播客通过互动经济的方式，开始有机会进入公众视野，在全球消费者面前有了更大的曝光度。同时，如果有很好的内容和表现形式，素人经济也会出现爆发式增长。这给素人阶层迅速扩大影响力提供了很好的渠道，即虽然是素人也可能迅速成为新型偶像。

传统的明星效应是一个闭合的社交生态圈，由于互动直播平台使传统粉丝分化，使明星效应更加开放化，于是增强了明星市场的竞争力。这就迫使以往传统的可望而不可即的明星感到危机，他们不再高高在上，他们必须积极参加到互动平台中来，以维持社会对他们的认可度。

最后，在移动互联时代的垂直社区，无论是新生代明星，还是传统明星，其商业价值都将进一步被迅速放大，他们很容易迅速聚集流量。同时，由于粉丝的全球化，他们可以比以往更加迅速地成为国际明星[1]。但是，因为粉丝的分众化、碎片化、垂直化、国际化、迅速聚集和迅速流失的特点，对新一代明星的综合素质也提出了更高的要求。

媒体化垂直型企业
Medium Vertical Enterprises

互动经济的崛起弱化了传统的商业渠道，使企业产品及服务平台更加垂直化和功能化，并通过差异化、细分化的竞争格局使消费者和受众人群的定位更加精准，直接面向对产品和服务拥有兴趣和消费欲望的受众，在凸显企业优势、产品和服务优势的基础上进行销售。所以，消费者的分布将越来越均衡、越来越分散聚集于各个垂直社区。

1　如韩国 NAVER 于 2015 年 7 月推出韩流明星个人视频直播 APP（V APP），该 APP 包括三个板块，以公演为主的 Special Live、App Live、Spot Live，目前在播的有 BigBang、SM TOWN、BEAST、防弹少年团、Wonder Girls、Kara、AOA 等，并且为方便全球粉丝，有中文、英文、日文字幕版。

　　通过互动直播，消费者可以反复观看、深度解读产品和其服务，还可以进行二次营销等，这是目前内容产品的价值开发最大化的有效途径。相比传统垂直渠道运营难度大、消费者沉淀难度大的缺点，垂直类互动销售则相对更容易运营，其成长性会更加明显。[1]互动经济由于其传播的快速化、网络化、便捷化，有些特殊的垂直消费及服务也会蓬勃发展，如有天然壁垒的同志视频直播经济等。

　　这种紧密连接垂直化服务与消费者需求的方式，完全颠覆了以往交易进程中的单一感，所以互动经济能极大地缓解消费者黏性低这个企业最重要的痛点，能够聚集起消费者的终端力量，是最有黏性的营销模式之一。同时，在未来的视频互动经济中，由于持续、快速发展的市场细分化，会出现只有垂直才能盈利，只有垂直才能达到"消费者第一个想到的品牌就是你"这个目标。

1　如"互动 + 家居"，可以让消费者更加清晰、真实、动态、细致、全方位地，且可针对性放大局部特征地，感受家居产品的独特性，其所带来的简单、快捷、舒适的购物体验流程，达到以往传统商业模式中不可体验的层次感和生动感。再如"互动 + 家装"，消费者可以和设计师及施工人员进行即时的、"面对面"的互动沟通，并进行问题咨询，了解家装过程的随时变化，既节约时间，又可以看到家装的细节设计、工艺设计及施工进度等，这是消费者最关注的家装痛点，因为家装的时间通常较长。这就避免了以往依靠语言、照片，不能及时动态地监控、跟踪施工过程，同时也不能及时地提出改进愿望及要求的缺憾，并使消费者免去了频频亲临现场的苦恼。

　　互动直播商业平台将使原本统一的市场变得越来越碎片化，并将随着互动经济产生越来越多的新型商业体，即"小而美"的商业模式。同时也将摊薄传统垄断企业的巨额商业利润，使传统垄断企业无法顾及一些与生活紧密相关的创新型产品与服务。

　　在这样的情形下，未来的互动经济中的大型企业将会通过不断的兼并整合与聚集商业中碎片化的新型垂直企业，来寻找适合互动经济的新型商业模式的接口，并将不断收集和合并企业播客及团队这一未来经济中的稀缺资源，达到具备通往规模化商业模式的可能性。

　　在互动经济时代，"人"第一次成为全面价值的载体，并弥补了传统企业中消费者与产品的距离。在垂直社区中，企业播客扮演着将企业文化、价值观、产品信誉等进行综合体现的角色，这使传统企业的注意力逐步转移并更加集中在营销、策划、宣传、品牌推广、经营和维护并扩大垂直社区上。在互动经济时代，拥有庞大有黏性的消费群体是企业成败的关键所在。

　　在全民生产内容的趋势下，线上的垂直形态引发线下的群体化生存，逐渐转向线上的垂直化生存及个体化生存的现象将成为常态，也就是说，线下的消费群体将不断迁移聚集在线上，改变传统群体生活的社会结构，逐渐形成线上垂直型社区的存在。这种线上互动与线下聚集的形态，将使企业的发展方向更加媒体化，进一步改变与更新传统企业的商业生存形态。

在互动经济时代，基于共同的兴趣与价值观的社交生态将是垂直社区中持久而永恒的共同话题，并由此催生出对企业产品和服务的持久关注及认可。这就是社交生态所带来的强有力的客户黏性作用，也是企业所追求及垂直消费者终端所能释放的力量所在。这将改变传统企业产品和服务的策划、销售流程，并将使对消费者终极精神体验的追求成为未来互动经济的主要商业策略，使商业回归到商业本质。企业与消费者真正能够相互交叉、融为一体的媒体化时代，将在互动经济时代到来。

从工匠精神到互动创新

From Craftmanship to Interactive Innovation

（1）工匠精神的荣誉回归

翻开人类历史的画卷，每一次文明的进步都离不开工匠精神的贡献。工匠精神是人类文明特有的、最值得骄傲的伟大精神之一，人类文明就是靠富有工匠精神的人不断创造的物质文明而取得持续进步和发展的。如果人类失去了工匠精神，那么历史上任何一个伟大创新的奇迹都不会发生。无论哪个国家和民族都有属于自己的工匠精神，[1] 工匠精神的文明承载了人类整个文明发展史。[2]

在整个人类的创造史上，工匠精神是一脉相承的，每一次技术的进步和所引发的社会变迁与时代发展，都离不开工匠精神，但是每个时代又赋予工匠精神不同的内涵和特色。每一次新的工匠精神，都缔造着新的文明传奇。[3]

工匠精神发轫于农业文明早期，并贯穿于整个农业文明，那时的工匠精神是自发的，它的强大力量在于对生存与创造的需求以及持续的专注。[4] 工业文明初期的工匠精神是使手工与机械相结合，这深深地影响了整个工业文明初期制造业的发展，并成为工业文明所孕育的追求完美精神的典范。工业革命后期，由于采取机械化大规模生产，以及自动化机器人

1　工匠精神并非某些国家和民族独有，西方有西方的工匠精神，东方也有东方的匠人思维。

2　这一点从早期的美国历史就可以得到说明，富兰克林、华盛顿、汉密尔顿都是有工匠精神的。大到埃及金字塔和中国的长城，小到一些精美的瓷器，无不散发着工匠精神的光芒。

3　20世纪的德国制造、日本制造、乔布斯制造的"苹果"，都是工匠精神的产物。

4　17世纪英国的约翰·哈里森历经40余年打造5台航海钟。

的运用逐渐代替了人工操作，传统的工匠文明开始逐渐走向衰落。

如今，新的互动经济时代催生了前所未有的小众垂直平台来生产个性化、定制化的产品与服务。使传统的工匠精神得到发展，并焕发出新的生机，使工匠精神又回归到了人们的生活中来。这种工匠精神的荣誉回归，标志着互动经济时代小众产品制造（个性化、定制化）的开始，也为形成以修行的态度、专业的技术、虔诚的服务和精益求精的追求为核心的新的工匠精神奠定了基础。

（2）工匠精神的新内涵

工匠精神是一个古老的概念，它并不是静止的状态，会随着时代的变迁而变化。在互动经济时代，了解和领悟新的工匠精神是决定创立小众垂直定制化产品与服务组织的必要条件。新的工匠精神是互动时代的产品与服务的一个特质，是产品制造的核心。只有专注才能专业，只有秉承新的工匠精神，重新认识和构建工匠文化，企业组织才能够在互动经济时代生存和发展。

新的工匠精神秉承了传统工匠精益求精的精神，专注坚持、勤劳的品格以及对诚信的信仰，同时也拥有传统工匠精神对产品及服务精雕细琢、精益求精理念的追求和工匠心态。在互动经济下，工匠精神的核心价值观是创新，它更加注重对自我人格的锤炼和磨砺，以及对自我思维能力的联想、横贯和创新，也就是把工作认知为修行，并通过从创新与创造中获得的乐趣来体现其信仰和精神追求。

传统的工匠精神是依靠教育，经过漫长的实践和锤炼、不断的努力和积累养成的一种精神信念。它以不急不躁的心态和勇往直前的精神，加上勤奋刻苦、对细节坚持不懈的追求，把简单的事情做到极致（功到自然成的做法是亘古不变的真理），基于这种理念与心理建设，最终形成一种工匠文化。同时，传统的工匠精神还把诚意刻入产品与服务，把产品与服务当成一种使命，这种需要用厚重的信仰来承载的工匠精神是传承的结果，对意志品质和道德也有极高的要求（"德"是传统工匠精神的核心和承载基础）。

新的工匠精神诞生于移动互联时代，科技的进步给新的工匠精神提供了沃土，加速了人类社会走入"再工业化"的进程。新的工匠精神的核心是创新与创造，是从个体的爱好兴趣、灵感、成功的欲望和渴望及利益驱动出发，更注重精神唤起。也就是说，唤醒个体内在的坚持与刻苦、学习与探索的精神，让个体全心全意地投入创新与创造中。它是一个创新与创造的过程。

这种与商业融合的新时代的工匠精神，超越和克服了传统互联网时代的浮躁、焦虑的心态和碎片化的生存状态，给了互动经济时代的人们重新把专注与智慧融入产品与服务的新的机会及商业可能性，新的以完美创造为本的工匠精神不再是刻板的、重复性的劳动，它给了初创企业能够更加专注于创造与制造的新的发展空间。

移动互联网可以在垂直平台上聚集有共同价值取向、共同爱好的垂直群体，在虚拟世界进行垂直交流，解决创新与创造中的诸多难题，这就带来互动垂直平台对诚信的期许，使新的工匠精神有了更大的展现空间。随着大规模的机器人的应用，人们有了更多的空闲时间去追求个性化和定制化的产品和服务，从而形成了互动经济时代的新的工匠文化。所以，在互动经济时代，只有具备工匠精神气质的个体和组织才拥有可能在垂直细分领域成功的潜质。

如果说工匠精神是工业文明的基础，那么在互动经济时代，新的工匠精神将是互动经济的底色，它可以使更多新型的网生代在上面涂抹出更绚丽的色彩。这种自发自主的工匠精神可以产生更完美的，比工业时代更优质的精品。所以，新的工匠精神一定会成为缔造互动经济时代传奇的伟大力量。

（3）创新与新工匠精神

英国心理学家、哲学家和经济学家约翰·斯图亚特·穆勒（John Stuart Mill）认为："现在一切美好的事物，无一不是创新的结果。"回顾人类的商业史，所有成功的个体与企业组织都有工匠精神的特质，每一次创新都流淌着工匠精神的血液（工匠精神必然被嵌入创新的过程中）。在商业哲学的逻辑中，工匠精神的价值所在是把产品和服务做到极致，因为优质的产品和服务很难被颠覆，这也是最重要的商业原则。

互动经济时代的小众垂直平台催生了互动经济时代的新的工匠精神。因为它形成的垂直宽松的商业环境，使人们可以更加自由地选择与兴趣爱好相关的职业，充分发挥个体的潜力与智慧，更加专注地在垂直细分的商业平台中进行创新与创造，推出精益求精的产品与服务。

同时，可以在虚拟的移动互联网平台上，聚集具有工匠精神的创新者的力量来进行极致精品的设计和制造，这是以往任何一个时代都无法企及的。因为这种垂直社区平台，有更大更自由的创新空间和消费者关注度，有工匠精神的创新与创造者会把注意力更集中在消费者端，并通过互动（面对面的交流）更加理解消费者需求，使产品制造与服务设计的定位更加精准，从而打造出更加适合完美主义精神的小众与定制化产品及服务。

互动经济时代的企业领导者将是更专注于产品与服务的新的工匠精神的实践者，他们在专注于产品与服务的同时，更加注重商业的运作，从而使新的工匠精神可以直接变现。这是把传统的工匠精神从个体扩大到组织的文化与信仰上的一次飞跃，也是新的工匠精神的另一个特点。

这同时也对企业提出了新的要求，基于互动思维的商业模式，所有成功的企业都应该有契合互动经济时代的工匠思维。这将使垂直小众平台之间的竞争比以往更加激烈，因为在互动经济下，商业模式将比以往更加透明。因此，具备工匠精神的组织未必都能成为未来竞争的胜出者，但胜出的组织必定具有工匠精神。所以，对于互动经济时代的小众垂直社区平台中的组织来说，新的工匠精神是不可或缺的，从诞生之日起，企业组织就应该是商业与新的工匠精神结合的产物。

互动经济时代是一个可以把梦想当作信仰的时代，同时也是一个可以把创新创造过程当作一种修行的时代。真正有专业技能的人群，他们的价值在这个时代将得到前所未有的释放。具有专业技能特点的行业，竞争也将变得更加激烈。[1]新型有创意的初创企业也将会比以往更加快速的野蛮生长，

---

1 如作家、艺术家、设计师，有人气的企业播客等。

小众垂直的实体经济将以新的面貌焕发出活力。它将更加重视产品及服务的信誉，改变传统电子商务的形态。因此，在小众化的垂直社区精准投放的时代，将孕育出新的互动经济时代的工匠精神。

小众产品的兴起
Rising of Minority Products

在互动经济时代，企业可以通过播客直播与消费者无时间缝隙的互动，使消费者更加深入企业产品的创意、研发、设计、制造、销售的全过程，即时获得消费者的直接反馈，以及消费者对产品和服务的需求和想法，并迅速调整企业产品与服务的生产，企业产品的更替将更加迅速，生产周期也将更短。这种产品诞生于消费者需求的运营模式，将使企业比以往更加贴近消费者。

这是以往优秀企业梦寐以求的，使消费者更加深入企业产品生产的各个环节，让消费者更加了解企业文化、产品、价值观，并使消费者充分参与到企业的文化及精神体验的生产方式的愿望。所以，互动经济时代的企业产品与服务将更紧密地"跟着消费者需求的感觉走",企业将更加注重消费者与消费者关系的提升,来增加消费者对产品、服务和品牌的关注度。

所以,互动经济作为连接产品与消费者个性化需求的关键节点,以情感体验为核心,使众多产品不再需要集团化的大规模生产,而是围绕着个人的需求来创造和生产。

互动经济下的企业可以充分利用互联网大数据来提高企业对产品与服务的洞察力和预测力,通过互动找准小众人群的标签,并与之形成良性互动和共振,搭建小众社区,从而生产针对性的个性化产品和服务内容,满足更多有个性需求的消费者的私人定制感。同时,新型的消费者更愿意为个性而买单,满足他们对稀缺物品独自占有的心态。

定制企业可以利用直播的黏性,使消费者和播客成为价值共同体,以维持客户的持久关注度,改变一次性消费的局限,还可以使定制化程序和产品更加精细,沟通更加通畅。所以,互动经济时代使普遍的个性化产品的需求与消费成为可能,人们将更加重视精神要素的消费,这种物理性表达和精神性表达的综合体,将逐步改变人们的生活方式和价值观取向,与小众产品的持续发展形成良性循环。

16

弹幕文化

Bullet Screens Culture

视频直播的本质是参与，人类的每一个行为都渴望得到反馈。新生代更喜欢多元的表达方式，更倾向于追求意外感和未知带来的悬念感。意外和悬念能刺激和增强他们对参与体验的依赖，提高他们的参与积极性，这是互动经济的重要因素。互动直播视频中的弹幕文化由此应运而生。

弹幕是指在互动直播平台上提供的一种具有即时评论功能的应用工具，即横向飘过视频画框或悬停在视频画面上的文字评论及对话。

弹幕的出现使直播平台得到了强有力的工具，它为消费者提供了反馈通道，使参与者可以不断参与到直播中来，边看边聊、进行评论、发表意见，有时甚至能够影响整个直播的进程及方向，以延长消费者的新鲜感。如新闻直播中的评论及话题互动，再如体育直播的抽奖及明星签名纪念品等，不仅迎合了参与者对自身影响力的需求，还增加了参与者的存在感，为参与者深度参与提供了一种体验模式。

同时，弹幕文化给参与者提供了向播客及其他参与者挑战的乐趣及体验机会，有助于加深参与者对直播平台的依赖感，如竞猜中的"赌徒心态"。弹幕的匿名性使参与者可以更加开放地说出自己的想法，在不断的吐槽、评论、互动、讨论、挑战中，弹幕成为参与者提升自我等级、获得视频直播间内更高特权的重要手段之一。

发弹幕和看弹幕都是一种新奇的互动体验，弹幕吐槽也考验着播客或主持人把握槽点的技术能力、临场发挥能力、心理承受能力等，进而影响到弹幕互动的质量。实践证明，弹幕互动质量的高低直接影响着消费者对视频直播平台的喜好及黏性。

弹幕文化的兴起与弹幕的即时性、交互性、视觉效果、吐槽文化、二次元宅文化，以及参与者强烈的沟通欲和表现欲等密不可分。弹幕文化是在有着强烈的参与意识的综合心态推动下产生的新生代文化。这种交流工具极大地提升了视频直播的社交分享属性，满足了即时互动的需求，有着能够释放人们情感需要的功能和价值，成为视频直播中一个不可缺少的组成环节。

第四章 | 即时互动社会

Chapter IV   A Society of Real-time Interactivity

17

互动的内容

Contain of Interactive

动态流内容

Contain of Dynamic Flow

每当一个新鲜事物出现，人类往往都怀着高度的热情予以关注。然而人类又有喜新厌旧的特点，所以，在内容与即时互动性并重作为互动经济时代的一个最主要特点的现实形态下，只有那些具有特质生态体系的、连续性的、有吸引力的内容，才能在互动经济中显露王者风范。

当前，互动经济还处于初步探索阶段，直播内容的贫瘠使各企业的商业模式及运作手法趋于同质化，而消费者的日益成熟，将促使制作精良的内容渐渐成为视频直播的主流。[1]
这必然将使得新兴的互动视频直播行业成为企业生态产业链
的一个重要环节，其优质内容生产将是互动经济时代企业的
关键要素。同时，传统行业的精英也会不断加入视频直播行
业，他们会带来专业基础更扎实的内容生产技术。所以，未
来的视频直播将进入生产内容的时代，这也必然在未来互动
经济整体而系统的产业链中，催生出越来越多的专门为互动
平台生产内容的企业。

　　因此，在探索差异化的道路上，互动经济时代的互动直
播平台在构建自己独特的生态产品的同时，将在传统专业机
构及专业生产内容的企业的指导下，为消费者生产更加优质
的内容，即视频直播的产品与服务将会逐步进入专业化生产
阶段，从而使企业互动平台更加丰富和多元化。同时，因为
互动直播有着明显的低成本、多样化的内容生产能力，及低
成本、覆盖面广、速度快的信息传播能力，给了素人阶层更
多展示自我、曝光自我的机会，达到传统经济无法企及的宣
传力度。所以，在互动直播时代，可以唤醒更多"沉睡中"
的作品，并迅速推送到消费者的视野中。

1　因为运营模式的同质化与可复制性，使内容创新成为直播平台的关键所在，也是
　避免产生审美疲劳的利器。

　　这必然会使未来的互动经济平台中出现更多接近素人价值观的原创内容，也就形成了互动经济时代的三重内容形态，即底层的大众化的用户原创内容（User Generated Content，UGC），中间层的专业与用户生产内容（Professional User Generated Content，PUGC），顶层的高质量定制化的专业生产内容（Professional Generated Content，PGC）。最终实现在多场景、多维度、立体式的互动内容形态中，给消费者提供深度的参与体验，从而在使直播平台与内容之间的联系更加紧密的同时，满足消费者心灵和精神的主要诉求，拓展产业价值链的发展空间。

　　在内容制作上，由于社区的垂直细分及不断细化，催生了内容市场的长尾效应，[1] 这就是直播的分众识别理论。这种细分小众的内容定位将会有巨大的商业潜能，因为它契合不同的消费群体、迎合不同产品和服务的个性化偏好，可使小众内容在细分市场上精准地找到消费者，还可以帮助消费者在众多企业的产品和服务中找到自己心仪的品牌。

　　同时，内容会随着企业自身产品及服务需求、互动视频的传播途径，以及受众人群的改变而发生彻底的变化。由于内容

1　长尾理论指：不具备广泛需求的小众产品，基于成本和效率的因素，并没有赢得较大的市场份额和较高的销售额。但是这些需求和销量不高的小众产品所共同占据的市场份额，却可能呈现与主流产品市场份额相当甚至更大的形态。

行业的突破口和本质是"非标准化生产"，即不可预期性，所以，创意内容将是一个决定产品及服务是否有影响力的关键。

然而，视频直播的实时播放意味着不确定性和无法预知性，在动态思维日趋明显的互动经济时代，其所能聚集消费者的时间将很短，此时，互动直播平台可以通过在不确定性中提供确定感的方式，即编制节目预告单来达到告知消费者的目的，并可以通过深化"先直播、后录播"的二次消费方式，沉淀优质视频，从而进一步聚集和沉淀消费者。

所以，各个生态平台将不断完善内容生产机制及提高持续制作内容的能力，在跨界融合的前提下，不断拓展并尝试内容创新，搭建深度体验式场景，借助直播平台强大的号召力实现扩大商业价值的目标，形成以整体价值观导向为核心的、上中下游紧密联动的专业内容生产产业链。

目前，在雨后春笋般出现的视频直播平台中，还没有真正将其可以承载的知识传递价值的所有优势充分释放出来的平台。所以，专业细分领域中更有价值的内容场景化社交直播平台的生命力会更长久，而综合类、大而全的直播平台将在竞争中因不断整合而数量减少（部分将逐步转型为垂直综合型直播平台）。同时，强调内容化、资源互换和跨界合作，形成深度内容生态系统，并在不断创新中使内容生产力不断放大，连续生产优质内容，营造连续场景化社交体验的移动互联平台将会不断出现。

互动经济下的直播平台将彻底颠覆互动媒体和广告业的商业运营模式，即媒体和广告业将面临重新洗牌的局面。在互动经济商业模式中，内容生产与传统经济时代相比更加容易，同时，内容更加多元化，占用消费者时间更加碎片化。由于这种互动经济具有的可视性、交互性、实时性的特点，在不断繁衍的互动商业模式中，消费者的沉浸性体验越来越强。这就使消费者本身既是内容生产者、参与者和接收者，同时又是媒体资源创造者、传播者，及产品和服务品牌的推广者。

同时，在互动直播过程中，生产者可以与消费者双向互动，进行双向传播，以及具有动态、嵌入式的，持续更改内容的，融合线上及线下的、互动游戏式的特点，消费者甚至可以决定播客表演者的表演程序与内容的广告形式。因此，更加适应消费者更迭迅速、追求新鲜感、碎片化时间的内容需求的企业广告将更有生存空间及竞争优势，还可在此基础上，反哺并延伸出新的前所未有的产品及服务形态。

在经济社会中，企业永远不要与趋势为敌。在视频移动化、平台互动化、社区垂直化的趋势下，企业将更加注重移动端的经营策略，互动平台与垂直社区将会是两个相互交织的综合体。并且在移动直播社交与网络社区化的大趋势下，所有的社会资源都将进入互动经济这一快车道。

　　未来的即时互动中，企业需要通过同时呈现更多的信息窗口，把更多的互动内容展现在消费者的视野中。在打造生态化聚流场景的同时，企业更加注重消费者精神层面的感受，适应消费者多层次分化的特点，实现在时间、空间和即时互动之间的无缝对接。所以，能够构建自己持续的流量堡垒和护城河、搭建及稳定其独立存在价值、追求内容创新，将是互动经济时代企业的一种企业精神和内在逻辑。

　　泛娱乐精神作为互动视频直播时代营销的主要驱动力，将使所有场景化的内容都变得视频直播化和泛视频直播化。互动经济这种鲜活的内容传递和构建真实的社交场景的营销方式，使得个人化、个性化的私人叙事正成为移动视频直播吸引参与者和消费者的一个关键，即企业不可缺少的营销载体。

　　优质的企业播客团队是优质内容的创造者、传达者及持续优化者，是异质化消费者需求的初始获得者，是为消费者搭建社交场景、聚集消费者、与消费者进行即时互动及游戏的实践者，也是企业产品及服务推广宣传的关键环节。当然，在穿透力极强的互动经济时代，有能力生产优质内容的播客团队也会

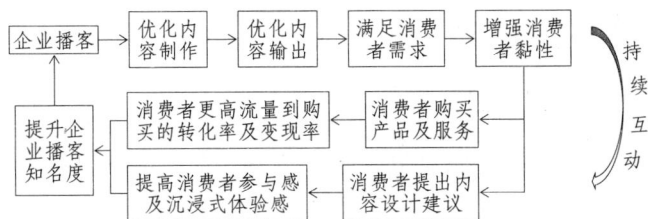

图 4-1   企业播客消费者黏性良性循环图

在营销过程中，进一步提升自己的知名度，扩大其垂直细分领域的社区规模，增加变现率高的消费者数量及黏性。

随着科学技术及商业模式的不断发展，大数据逐渐融入人们的社会生活，成为人类社会关系中不可或缺的重要部分。而有关数据的一切行为都离不开充分的网络带宽流量，所以，通过技术把闲置的宽带流量资源集中再利用，是支持移动即时互动视频直播的分享手段之一。同时，未来的互动经济时代必然呈现移动端虚拟世界与现实世界的相互缠绕、交叉、映射的形态，"体验为王"更加成为颠扑不破的真理。

所以，企业只有将娱乐、产品和服务、与消费者的互动、优质内容输出、品牌、价值观等进一步融合共生，形成流式的动态内容，才是适应互动经济下动态流内容时代的真谛。

泛娱乐化的 IP
Pan-entertaining IP

互动经济时代同时也是一个泛娱乐的时代，在"一切皆可娱乐"的口号下，文学、影视、游戏、动漫、音乐、戏剧、演出、综艺及衍生品等多元文化娱乐创意产业共同组成泛娱乐市场。这些娱乐内容越来越多地登陆视频直播平台，成为企业与消费者进行双向互动的介质，使消费者在这些传统娱乐元素中得到新的消费体验。

在互动经济时代产生的泛娱乐的知识产权（Intellectual Property，IP）赋予传统的知识产权新的含义。在互动经济时代，IP 与粉丝的沟通渠道更加顺畅，交互成本的减少使个体 IP 化门槛随之降低，平台碎片化成为现实。且 IP 与粉丝即时互动频率的增加使 IP 变得极易变现，这标志着个体 IP 化时代的到来。这将促使企业经济体和独立经济体的差异化降低、距离缩短，个体 IP 价值得以呈指数化提升并显现。[1]

IP 作为泛娱乐各参与产业的串联者，可以促进多领域的融合共生。它在满足参与者和消费者多元化需求、扩大参与者影响范围的同时，通过跨界、改编及衍生，串联和参与整

1　过去每个 IP 背后都需要有精细化的团队和内容制作人，门槛非常高。

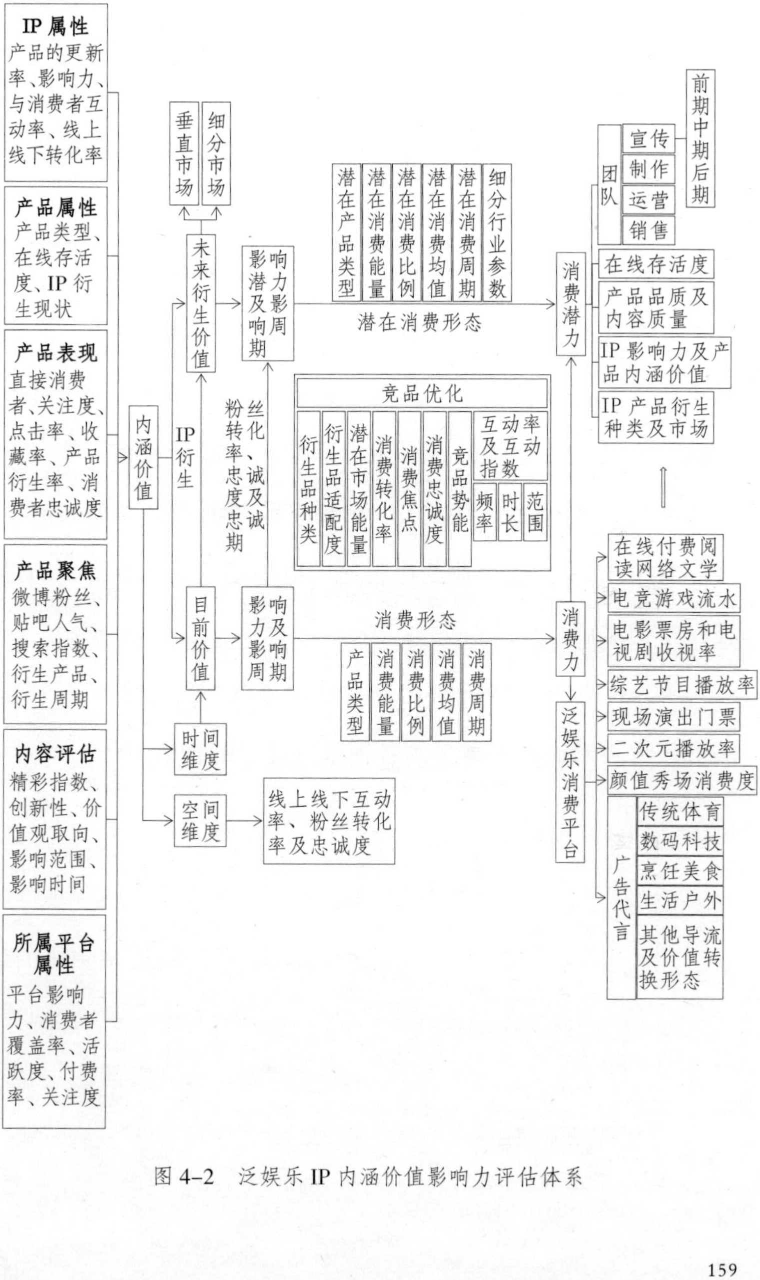

图 4-2　泛娱乐 IP 内涵价值影响力评估体系

个泛娱乐生态链，进一步改善优质内容与变现模式错配问题，促使泛娱乐产业产生持续性价值。同时，多元产业的衍生品还可以反哺 IP，这既放大了 IP 的整体价值，又与 IP 形成良性循环，共同推动泛娱乐生态链稳步发展。

单纯的泛娱乐产业链对消费者的影响潜力有限。目前，直播产业还有更多具有更高价值的信息、功能、需求、领域及业态等值得深度开发。在这种新的经济形态下，企业可以在融合人性对泛娱乐的浅层需求基础上，进行跨界、整合，在深度挖掘消费者更高层次的精神追求及消费潜力的同时，借力 IP 的助推，使企业的成长速度更加迅速；从 0 到 1 的过程，将会缩短。

未来，在互动经济时代垂直互动分众社区逐步形成的趋势下，将会形成越来越多的各种垂直社群的直播 IP。

18

互动浸媒体

Interactive Immersion Media

传统媒体的传播缺乏直接互动性、即时性和全民性，只是专业媒体对事实的陈述，这不仅是割裂的、部分的，同时也具有自主选择性和单向传输性，很容易受媒体自身的主观判断所影响，无法还原事实真相，从而使大众对客观事实的认知产生整体性的偏移和误区。所以，传统的大众传播途径正如美国传媒学家李普曼在《公众舆论》中所谈到的"拟态环境"理论那样，大众对外界事物（环境）的认知很大程度上是受媒体所提供的"现象性（抽象性、象征性）现实"所左右（导向），这种影响通常会产生与"客观现实"存在一定偏差（偏移）的现象，成为一种"拟态现实"。

互动经济因其移动性、即时性、全民性、现场感、实时性，以及"面对面"的属性，必将引发对传统媒体单向、集中、统一的传播模式的变革，形成双向、垂直的制衡式、分散式传播模式的新型媒体业态，即互动浸媒体。这种浸媒体可以让信息的接受者获得身临其境的体验，这也是新媒体业态的核心。

因为互动经济下的互动媒体是一个多元互动、双向交流的平台，更接近于事物的真实，在一定程度上可以弥补传统媒体带来的认知偏差，并且移动互联技术还使这种媒体进一步从移动化中表现出互动的形态，所以互动媒体时代是一个动态信息流的时代，并以动态信息流的形态呈现在受众面前。[1]

同时，互动经济互动性、时效性、现场感及多角度等特点将充分地体现出互动媒体具有的较高的娱乐细胞。因而，与传统媒体相比，互动媒体打造的这种以产品为中心，兼具娱乐性，采用矩阵式全媒体模式，将线上线下互动融为一体，呈现给消费者全方位的参与感与体验感的新媒体体验，[2]这将

---

[1]　美国广播公司（ABC）推出"实时流（Livestream）"。美联社也开发了视频直播 APP "Live U"，记者可以使用它进行手机视频直播，以确保观众能够完整地接收到新闻事件发生地的情况。

[2]　如中国的腾讯在体育赛事直播射击比赛时，观众可以即时打开 H5 游戏在虚拟场景中模拟射击比赛，给观众边看边体验奥运的线上线下全方位的媒体体验。

使互动媒体形成逐步蚕食传统媒体市场份额的态势，传统媒体将逐步走向衰落。[1]

互动经济本身就是一个自媒体与经济的融合体。互动媒体时代的这种传播关系，是把个体直接融入一个传播体系中，全面激发人类本性中的感性一面，使人性能更自由地绽放，可颠覆传统经济时代机械僵化的旧世界。

互动经济的传播方式不同于传统传播手段，因为它的信息增量、视角增量、体验增量都更加明显。所以，传统的关于传播类内容制作的垄断终将被打破，所有的媒体都将从实时聚合转向实时呈现。

在互动媒体时代，人人都是记录者，人人都是自媒体，人人都是公共媒体的传播者，人人都可以成为播客。[2] 每个个体都被嵌入到整个媒体之中，这是互动经济的时代特点。这种全民嵌入的新的互动媒体带给人类的参与感，将使自我决策的自主权被牢牢地掌握在每一个独立的个体手中，给了素人阶层充分体现自我价值的空间以及足够的自我想象空间。

互动媒体所具有的强即时互动性、信息传输方式更经济

1　以 2016 年的里约奥运会为例，各种传统媒体的收视率均比上届奥运会大幅下降，NBC 的收视率比上届奥运会下降了 20%。

2　目前，新浪是全球最大的泛资讯直播平台。

的特点，在精准触达用户方面有着得天独厚的宣传优势，随时随地、即时互动、双向传输元素的加入，不仅能使参与者实时收到播客的现场反馈，还可以使受众参与其中，及时进行点评，直接影响到直播现场的内容。这种有效互动可以给消费者带来深度体验，打破了传统电视台的单向性与观众即时互动的局限，也引申出即时互动所可能产生的想象空间。[1]

企业对产品和服务的互动直播，还突破了电视购物不能及时互动，资源（消费者、电视频道、时间等）稀缺，成本高，只能宣传保健品、化妆品等高利润物品，无法满足企业长期宣传的诉求等制约因素，形成了新的属于未来互动媒体的价值，即每一个企业都可能是一个浸媒体帝国，是一个多元化战略的综合体。

在互动经济的语境下，以往的综艺节目甚至电影等娱乐形式将被颠覆，形成未来互动式的娱乐方式。例如视频短剧，它可以使观众互动式参与剧情的设计，这种主题型即时互动重构了叙事逻辑和结构思路，提高了平台的话题性，改变了镜头语言、剧情走向、内容、构图逻辑，产生了多元的戏剧冲突以及更多的悬念、意外、遗憾、看点等，形成一种新的

1　如马东的《奇葩说》及高晓松的《晓说》，并不是颠覆传统娱乐业，只是传统娱乐业在互联网上的延长；只有当娱乐综艺在视频直播平台上播放了，才是真正的颠覆。

剧种，从而进一步催生社会各阶层价值观的全面碰撞和共鸣。

视频直播＋网络综艺节目的形式也将不断涌现，[1]并成为互动媒体中的常态。所以，传统的电视综艺节目将逐步转移到视频直播综艺平台，进入互动媒体的双向互动、深度参与的全新即时互动综艺时代。但是，如果没有充分地运用以大数据为核心，以为消费者服务为理念（客户端思维），进行分众垂直社群的多元化泛娱乐化产品的垂直衍生，即使有再强的内容分发频道，哪怕名称是"互动电视"，也将被互动经济时代所抛弃。

在新闻媒体领域，未来的受众对新闻的关注点更倾向于新闻处于滚动的、不断递进的状态，而互动媒体即时性的传播特征，必然会影响未来更多受众获取新闻信息的方式。传统时代，人们看到新闻事件时首先看到的是文字；但是在互动经济时代，首先看到的是视频[2]，这是一种具有时效性的、颠覆性的媒体变革。同时，以往只有重大、备受关注的新闻事件才能获得直播资格的时代将一去不复返。

在互动直播平台中，因为有更多的公众参与，人人都是

---

1 如可视化视频直播、综艺节目即时互动视频直播、演唱会视频直播、线下节目视频直播、新闻视频直播、重大事件视频直播、专项垂直娱乐视频直播、综合娱乐视频直播平台等。
2 因为视频传播比文字快。

新闻记录者、提供者、发布者，任何突发事件、热点事件，都会有人及时、准确地上传直播，使受众在更加及时、快捷、直接、直观地感受到现场的气氛的同时，颠覆传统媒体时代的延时和第一时间不在现场的缺点。

浸媒体互动平台有着大众风格和全民娱乐的特点，并逐步适应参与者对视频直播平台内容娱乐化、服务平台化、市场全球化的要求，以及更喜欢持续更新内容的客观现实，即所有的互动娱乐产品的制作周期和其生命周期都将缩短。

同时，互动媒体对内容及即时性和互动性的要求比传统媒体要高，矛盾性、对抗性、戏剧性的内容设计，参与者实时的槽点也将时刻考验播客的临场反应能力和心理承受能力，这些素质的具备都将成为传统电视录播主持人的挑战（因为传统主持人很少遇到面对面的挑战，而在直播之前是无法预知互动中的突发状况的，这直接提升了对播客的个人素养的要求）。

因此，互动经济时代颠覆和改变传统媒体的业态是毋庸置疑的。不管传统媒体是否愿意改变，消费者的需求在变，他们所接受的媒体方式在变，他们想参与和体验的方式也在变。所以，互动浸媒体的新时代必将到来，即便传统的媒体不愿意改变，新型互动浸媒体的出现也会给传统媒体行业做出示范。[1] 对于这个新的时代，人们只要迎接即可，它必将是媒体价值最充分的体现。趋势已在，未来已来。

1　2016 年，CNN 开始重塑内部架构，其设计了三大新的业务板块：采集、生产、编辑，其目的是从一个单纯的电视新闻机构转型为全媒体新闻机构。BBC 也随即成立了娱乐内容部，将其娱乐频道与其他所有频道中的娱乐内容进行整合，并将制作、技术、销售推广融为一体。同时成立信息内容部，将其所属的新闻中心及广播新闻五套节目（新闻频率）全部整合为一体。这些传统媒体亡羊补牢的措施能否见效，还要看其内部管控层是否真正理解互动经济下的新媒体互动思维。

19

企业的媒体化
Enterprise's Mediumize

产品和服务媒体化
Mediumize of Product and Service

在传统经济模式的传播生态体系里，人们对广告并没有那么钟爱，因为广告是一个单向强加式信息。而随着互动经济的兴起，企业有机会直接导入并浸入广告形态，在细分市场和细分平台下，发布精准的且客户更喜欢、更感兴趣、更生动、更柔软的泛娱乐化的广告。广告将变得越来越人性化、视频化、移动化、立体化，更具有实时性、即时性、交互性，以及具有更强的灵活性、动态性和自由度，这将深刻地改变传统广告业的生态。

但这又给企业带来了新的课题，因为在传统的传播手段中，用户的忠诚度是非常重要的、强有力的竞争手段。而在这个流媒体互动直播的时代，企业的用户并非忠诚于企业，而是忠诚于具有新颖创新思维的内容。在这种情况下，必将打破传统非专业人士做内容则不专业的思维定势，形成在互动经济时代更需要"非专业人员"跨界聚集而生产内容的新态势，这将是未来企业广告业会必然发生的重要趋势。

如何界定传统商业传媒和新型商业传媒？传统商业的传媒和广告是独立的、割裂的，而新型的商业则是把广告和传媒融为一体，并衍生出新型企业，这种新型企业自带传媒特性，本身就是一个广告平台。所以，新的互动浸媒体和传统媒体不是载体与形式的竞争，而是效果的竞争。

随着互动经济的垂直化发展，大多数传统企业，无论提供何种产品和服务，都将会逐步分化成媒体类、文化类和泛娱乐类这几种主要类型。所有的企业都将更加注重本企业在所在行业占有的媒体资源比重，这样会驱使更多的企业为占领公众领域，成为专业知识语言的翻译者，即把专业知识语言翻译成公众语言来进行推广。

互动经济时代产品和服务提供商借助事件发挥广告力量

的可能性更大，广告的娱乐性和随时性将更强，企业的推广将逐渐形成跟着爆炸性新闻走的趋势（如美国大选辩论、布鲁塞尔恐怖袭击等）。爆炸性新闻热点将成为企业争夺的、可以使产品和服务在短时间迅速传播的重要途径。

多元化的浸媒体时代还是一个智能的时代，产品和服务提供商可以利用大数据进行视频直播广告，通过寻找目标消费者实现个性化推送，即按照不同阶层、不同收入，受众接受信息的不同时段，来进行异质化的互动宣传，广告的投放也将更加精准。同时，由于互动时代的广告采用受众自发性传播这种病毒式的传播方式，企业广告的费用也将大幅降低，将更经济，可覆盖的受众区域也更广。

互动经济时代是一个全民互动的时代，所有人都在利用新型互动的浸入式媒体来进行内容制作、产品和服务展示，广告将不再是一个独立产品，而是和产品与自媒体融为一体的综合立体的新媒体广告；传统的广告思维将被颠覆，具有了新的逻辑和新的思维；传统的广告模式也将不再是生产和服务提供商主要推广载体，转而关注内容制造及互动场景的设计和执行，因为消费者已经难以区分广告、媒体和内容了。

所以，传统的广告在互动经济中将逐渐失去主流地位，或者说，"广告"这个词本身就是传统的，在互动经济时代将逐渐被人遗忘。每个企业都将更加重视这种灵活的自媒体宣传，所以，企业即便不设立专门的自媒体、文化传媒机构，也需要与第三方专业机构对接，进行其产品和服务的推广。

从品牌到浸媒体印记
From Brand to Immersion Media Imprint

在互动经济时代，小众和素人品牌可以迅速崛起，是因为品牌是以精准定位、传播速度和广度来确立的。而互动经济时代品牌的定位，无须再像传统经济时代那样经过烦琐的程序及漫长的调查、分析，只要通过大数据进行调查或者通过互动媒体进行问答调研即可，可以更加容易地获取消费者需求。

同时，互动经济时代的口碑和病毒式的传播也为快速建立品牌提供了先天优势，即便闻所未闻的品牌也可以用互动式的全球网络迅速铺开，不会像传统品牌那样耗费大量时间慢慢聚集关注度。在新的移动端，革命几乎每天都会发生，每天都会涌现出成千上万的移动端技术和企业。

然而，互动经济时代也是快速变化的时代。与品牌出现的时间更快一样，品牌消亡的时间亦会更快，生命周期可能会更短，大量企业将在这个过程中被淘汰。因为一旦新型品牌出现，现有的品牌就可能会被消费者瞬间抛弃。同时，一旦企业产品和服务与消费者预期不符，对企业品牌的信任就会在当今的移动互联时代迅速"反转"。这是一把双刃剑，即在直播的泛媒体化信息传播时代，品牌忠诚度会更弱、延续时间会更短，品牌形象瞬间崩塌的可能性将逐渐变大。

所以，在互动经济时代，一个品牌的崛起速度是前所未有的，但被消费者忘却的速度也是非常惊人的。即在品牌塑造上，互动经济时代将比传统经济时代更加困难。

正因为互动经济里的品牌可能转瞬即逝，互动经济更强调品牌之前的印记，而这种印记要比品牌更重要。互动经济的印记是直观的、可视的，也是留在人们脑海中不容抹去的符号，这种印记也可以称为互动经济时代的品牌。即在互动经济时代，对产品和服务的印记比品牌更重要。然而在互动经济中，这种对印记的感知疲劳速度要快于传统经济，当消费者对一个印记"疲劳"时，就会有新的印记出现，并覆盖原有的印记。

所以，互动经济的品牌树立最重要的是靠实践，要在充分互动的基础上建立品牌。企业需要在娱乐的互动中即时地、持续不断地、重复地提醒和刺激消费者，使消费者脑海中的印记不断加深，并对印记产生联想和延伸。如企业品牌可针对粉丝创造专属内容，使粉丝有更深度的参与感和对社群的归属感。同时，企业在制作消费者参与互动的内容时，也应不断地朝着加深消费者对产品和服务印记的方向努力。

互动经济时代的印记应该是动态的、多重的、多层次的，及生态化的。因为互动经济时代品牌的树立相比传统经济时代，还需要将更多的感情色彩嵌入到这种双向互动的印记当中，并且需要充分利用"爆炸式"和"火"的概念，而不是慢慢地培养客户、沉淀客户和推广价值印象。

企业播客作为一个职业群体的出现，使品牌推广的内涵与外延有了彻底的改变。企业通过直播平台的流量及"用户信任"为代价，使品牌产品更具吸引力和信任力，同时也赋予品牌、产品和服务在以往的商业模式中前所未有的敏感度。这将是产品、服务与品牌在互动经济时代，建立起与传统经济时代不同的竞争力与商业壁垒的新态势。

所以，互动经济时代企业的成长、发展、衰退及消亡将更加迅速，企业所扮演的角色更多，企业责任的外延将更加宽广。同时，在互动经济时代，对产品和服务本身的维护，将比以往更加重要，产品和服务本身的功能性体验、给消费者提供的多元化信息与企业播客团队之间的交互，和对直播呈现方式的关注也将更加密切。从某种意义上说，在互动经济时代，量身定制与企业形象、产品和服务、风格、品牌及与企业播客相匹配的营销策略，将是企业重中之重的关键要素。

20

在开明与宽容下自律

Self-discipline Under the Openness and Tolerance

没有开放、透明和分享，就没有即时互动经济，在透明的世界里更需要开明与宽容。直播的透明性和机动性可以在一定程度上提高生产者和消费者之间的信用度，加强信任关系。但因为参与者数量众多且分布分散，生产者任何的负面行为都会导致参与者的大范围流失，造成恶劣影响，这是互动经济时代的所有参与者需要共同面对的问题。

视频直播的这种运营特点决定了需要建立行业内自律规则公约和联盟，及完善注册制度、信用评级制度和举报机制的必要性。通过自律，创造透明、开放、包容的网络空间，减少作弊、刷人气、刷榜、刷等级、撞库登录、垃圾注册、暴力破解等行为，[1]从而结束无序的网络狂欢所造成的对行业、产品和服务本身，及企业品牌的破坏。

这种自律精神的核心是对品牌内容整体的规划，以及对公众形象的维持。所以，在互动经济时代的全民直播环境下，需要更多的人具备创业精神、企业家精神，以及在互动网络个体化时代，对个人和企业公众形象的维护。

为了构建良好的网络直播环境，在把监督权交给互动平台所有的消费者的同时，视频直播平台也应当及时提升自我监管、自我约束的意识，以负面清单作为保证，在泛娱乐精神指导下，使独立经济体和企业直播的内容与质量不断提高，引导积极向上、高雅的即时互动风格，这也是增强生产者与消费者之间信任关系的重要环节。[2]同时，视频直播平台还要着重强调版权引进、商标和著作权法律保护、节目自制及播客之间的转会问题等，以维持其合法性、安全性和可持续性。

互动经济下的企业与以往最大的不同还有：企业必须在产品制作流程、销售等方面越来越透明，任何虚假不透明的

1　将会有专门为视频直播企业进行监管、扫描的第三方云服务平台。
2　如播客在户外视频直播过程中也可能无意中将周围公众放入镜头，拍到其信息，涉及个人隐私问题，让公众对隐私安全感到焦虑。这会涉及法律问题，可能遭遇"突然死亡"的命运。

行为一旦被揭露，都将会被亿万的互动直播观众瞬间抛弃。所以，对于在互动直播平台进行产品及服务的宣传及销售的企业而言，应该在透明与分享的基础上，承担前所未有的、全方位的、比传统经济中的企业更加严格的自我监管、自我约束的自律精神和企业责任感。使其随着视频直播的推广宣传，逐渐在经历变局与动荡、竞争、整合之后，沉淀企业产品、服务、内容及品牌风格，并逐渐代替争议、炒作等爆点营销模式，[1] 建立良好的企业形象。

企业播客是视频直播互动平台必不可少的重要节点，而且在视频直播强大传播力的推动下，各企业对播客的需求也将进一步迅速增加。这就使得播客这一新型职业的从业人员，在专业素质、专业技能及专业精神方面呈现良莠不齐、鱼龙混杂的局面，很容易出现直播内容低俗化的情形。所以，企业播客从业人员也应当具有自我约束和监管意识，符合社会公共秩序及道德底线，尽量减少色情、暴恐、垃圾广告、水贴等行为，坚持健康规范的绿色直播。

在略显浮躁的直播世界里，合理的谨慎是必要的，探索建立在直播平台进行产品及服务的宣传及销售的生产者的信

---

1 这些过去制约视频 UGC（User Generated Content）的因素同样也会制约视频直播的发展。

用评级制度，使互动经济时代的直播公开、透明、层次分明，给消费者足够的安全感和信心，维持绿色健康的视频直播环境，是互动经济可持续发展的重中之重。

企业与播客如何表现正能量，并引入正确的价值观；如何通过积极高雅的互动风格宣传、推广产品及服务品牌，增加消费者黏性，监督并改善行业无序行为，这都将成为值得未来企业探讨和改进的主要话题，从而有助于迎来充满快乐与活力、品质与时尚、青春与阳光的泛娱乐运营时代。

人类社会的发展历程表明，任何新生事物在发展过程中，必然会经历从不规范到规范的过程，它需要全社会对创新抱有开明宽容的心态，只有这样，才能打造更加开放与包容的社会创新环境。虽然当前的移动视频直播行业面临着诸多问题，但应鼓励视频直播企业以创造更优质的内容为前提，勇于探索，不断进取，并对视频直播持有乐观与正能量的态度，才能使它给全社会带来进步与福祉。

21

虚拟的现实

Reality of Virtual

科技让我们更自由

Greater Freedom from Technology

在当前移动互联异军突起的时代，知乎、分答等移动端社群模式正在逐渐取代传统的 PC 端社群终端，移动互联给人们提供的实时流网络，使人类的生产力得到进一步解放。便捷的即时互动社交，使人类可以有效利用碎片化时间，随时随地进行动态交互、学习与娱乐。这改变了人与人、人与外界、人与社区、人与世界的连接方式，使人们与世界更加同步。

但是，人总是不满足于现状的，常常会延展出新的需要，总是以新的理论、技术及实践活动改变现实。在人们经历了传统移动互联网时代的文字、图片、语音、视频之后，承载互动经济理念的视频直播型的互动模式进入人们的视野，人类拥有了更多自由与交流互动的方式。人们可以在第一时间和多人共同参与某一个重要的时刻，更容易在频繁的交互中衍生出更为快速、明显且短期稳定的关系。

技术创新作为新型互动经济重构的核心之一，源于人类对未来的信心。随着移动互联技术的进步，未来人们将进入 5G 时代，这个时代的所有行业将从技术驱动转型为应用驱动，并将使一些应用平台在落地全面云化的战略过程中更快速地推出新的服务，重塑出新的世界，例如华为等移动通信供应商已经开始布局。

云计算、大数据等科技的进步，以及互动经济的不断演进，将使移动性和随时性等即时互动经济中的元素得到进一步加速与加强，如无线同屏、折叠屏等将进一步打破诸多场景限制的移动终端，颠覆传统网络社群，颠覆人类阅读习惯和社交方式。这种端到端云化的全联结形态将使消费者的观看体验不断提升，[1] 人类将进入一个全新的多屏时代。

---

[1] 传统 PC 端产物因为无法满足用户即时性的要求以及日益提高的用户体验需求，且交互性差，造成用户黏度下降，以及新鲜内容少等，必将没落。所以，曾经统领网络社区的网易论坛会关闭，风靡一时的天涯及猫扑论坛等如果不及时转型，最终也难逃衰落结局。

　　多屏时代的便携性和即时互动性将带领互动经济进入无处不在、如影随形的时代。碎片化社交与娱乐需求也将把多屏价值提高到一个前所未有的高度。享受多屏的延伸性体验，在多屏间穿梭、跨越，将成为未来人们生活不可缺少的一部分。

　　随着人工智能、虚拟现实等高科技的不断发展，人类必将建立起新的与自然、社会、机器、嵌入式虚拟场景、其他实体和数字化人群，及事件之间的关系。直播、多屏将更紧密地与VR技术相结合，人们会在VR的世界里进行视频互动，可以用VR建立起新的沟通方式，如交个虚拟朋友，影响虚拟人物等。诸多以往的社交障碍及沟通障碍，将逐步得到综合生态的解决方案，诸多合作将更加顺畅，以往一些不能攻克的难题也将有可能找到合理的解决方案，跨界融合的产品将成为商品的主流，[1]从而重塑人们社会生态环境中的生活方式、商业运营模式、社会组织结构及运行机制等。

　　未来的互动经济将从目前多屏之间的互动过渡到人与机器、虚拟人的互动，最终回到人类更高级的人与自然的互动。

1　当前直播、泛娱乐已经可以解决以往更多的跨界难题。

新感性
New Sensibility

　　格奥尔格·威廉·弗里德里希·黑格尔（G. W. F. Hegel）认为，凡是现实的都是合理的，凡是合理的都是现实的。然而梦想是人类的天性，人类创造的科技与发明成果都是人类实现梦想的手段之一。虚拟现实的出现改写了两百年前黑格尔阐释的现实与合理之间的哲学关系。

　　虚拟现实构建综合型全套平台的理想，在经历了犹如电脑和互联网问世之初并不为人们所了解和熟悉一样的情形后，必将成为继互联网、移动互联之后，使人类社会经济生活方式走向新高地的颠覆式创新。它是新一代的融合计算、通信、场景体验、互动交流等于一体的平台，可以给人类带来更多的、更加频繁的互动机会，并且具有传统的互动模式无法媲美的优势。

　　目前，虚拟现实技术带来的身临其境的神奇效应，正逐步渗透到各个行业。一个新的时代即将来临，人类将面临一场思想和生活方式的巨大革命，人们将在"理性"的基础上，全面地感觉到人性更大的解放和感知空间的颠覆，开启虚拟现实领域的黄金时代，并改变黑格尔凡是现实的都是合理的哲学逻辑。人类感知力的发展历程及对未来的展望如图4-3所示。

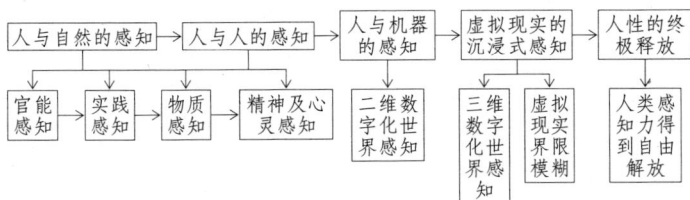

图 4-3　人类感知力的发展历程

　　虚拟现实技术（Virtual Reality，VR），又称灵境技术，是利用计算机技术创建的一种体验虚拟世界的模拟环境，它利用多源信息融合的交互式三维动态视景和实体行为的系统仿真，完全由人设定交互手段，可以使用户完全沉浸到该环境中感受到浸入式的体验。它能够创建现实与想象中的场景，包括社会生活与自然生活，体验者可以主动地去亲身经历和感受无限。[1]这种主动式的交互型体验，与传统影视视频单向的、被动的、灌输式的接受方式有着本质的差别。

　　增强现实技术（Augmented Reality，AR）是虚拟现实的一个分支，是在屏幕上把虚拟世界套在现实世界并进行互动，将虚拟世界和现实世界连接在一起的技术。与虚拟现实技术是把人类带入到虚拟世界不同，增强现实技术是把虚拟世界中的存在带到人类面前，更注重真实的存在状态与虚拟感知

1　电影《阿凡达》开启了虚拟现实技术。

效果的连接。它可以将虚拟信息融合在现实环境中，构造一个与真实环境相似的世界，让人类的感官触及虚拟与现实并行合一的环境，在现实生活中，呈现"海内存知己，天涯若比邻"的意境。

增强现实可以把虚拟现实带到一个新的高度。未来，它可以广泛应用于娱乐、教育、医疗、工业、军事、反恐等领域，它的这种终将成为一项工具型技术的特性，使它具有替代计算机和智能手机的潜力。[1]

介导现实技术（Mediated Reality，MR）是介于 VR 与 AR 之间的技术，是包括 VR 纯虚拟数字画面及 AR 在内的混合现实技术（Mixed Reality）。我们有理由相信，在不远的将来，VR 和 AR 的技术将实现充分有机的融合，给人类呈现"虚拟数字画面 + 裸眼现实"的数字化现实画面。

虚拟现实的轨迹
Footprint of Vertical Reality

从古希腊和古罗马的先哲们对智慧的探索，到东方的庄

1　如医生可以通过虚拟现实眼镜进行手术训练、提供手术指导等，工程师可以利用虚拟现实眼镜进行操作培训、远程维修等，军队可以利用虚拟现实指挥作战、回传实时场景等。

子那只在自由的想象中遨游的大鹏，人类从来没有停止过对未知世界探索的脚步。1932 年，阿道司·赫胥黎（Aldous Huxley）的《美丽新世界》以小说为载体，描写了人类 26 世纪的生活场景，他首次描绘了虚拟现实的概念，即通过头戴式设备为观众提供图像、气味、声音等一系列的感官体验，以便让观众能够更好地沉浸在影像世界中。

无独有偶，1935 年，斯坦利·威因鲍姆（Stanley G.Weinbaum）在他的短篇小说《皮革马利翁的眼镜》（*Pygmalion's Spectacles*）中第一次给我们生动描述了那款有着虚拟现实概念的眼镜，可以给我们带来包括视觉、嗅觉、触觉等全方位的沉浸式体验。1938 年，法国戏剧作家安东尼·阿尔托（Antonin Artand）更是把虚拟现实作为一个概念首次提出。[1] 电影摄影师莫顿·海陵（Morton Heiling）在 1957 年发明了仿真模拟器（Sensorama）（3D 显示工具），其通过三面显示屏来实现空间感，并于 1962 年用于空军的模拟飞行训练。

1963 年，雨果·根斯巴克（Hugo Gernsback）在杂志《生活》（*Life*）中阐述了由电视 + 眼镜组成的头戴式 Teleyeglasses（戴在眼睛上的电视设备）。"计算机图形之父"伊万·萨瑟兰（Ivan Sutherland）在 1968 年把"科学杂志之父"雨果·根斯巴克

1　在《戏剧及其重影》中，这一概念被用以指代戏剧中那些虚无缥缈的特性。

的想象变为现实，创造了被消费者戏称为"达摩克利斯之剑"
（The Sword of Damocles）的、由计算机图形驱动的头盔显示器 HMD 及头部位置跟踪系统。

到了 1982 年，人们在《犹大的曼荼罗》（*The Judas Mandala*）这都科幻小说中更加清晰地感受到虚拟现实对未来人们生活的意义。虚拟现实设备（VIVED VR）在 1985 年进入美国国家航空航天局（NASA）为其服务，标志着 VR 技术与理论的日臻成熟。1987 年，由天才计算机学家、哲学家、音乐家捷伦·拉尼尔（Jaron Lanier）把 VR 进一步商品化，[1]并由任天堂公司推出了 Famicom 3D system 眼镜。在索尼公司和任天堂公司的带动下，20 世纪 80 年代 VR 设备走进了民用市场。

1990 年，美国 VPL Research 公司进一步推动了 VR 设备在民用市场的影响。1991 年，"Virtuality 1000CS"掀起了 VR 商业化浪潮，世嘉、索尼、任天堂等陆续跟进。

2014 年，Facebook 以 20 亿美元天价收购帕尔默·拉奇（Palmer Luckey）的头戴式显示器（Oculus Rift），将其纳入自己的版图，社交 VR 概念再一次引爆了消费者对于 VR 产业的关注。Facebook 的掌门人马克·扎克伯格认为，虚拟

1　捷伦·拉尼尔在 1987 年提出 VR 概念，是世界公认的"虚拟现实之父"。

现实将会是下一代计算平台。"我们已经成功帮助全球数十亿人通过网络和移动设备建立社交联系，而连接的工具包括Facebook、Instagram、Messenger 和 Whats App。而现在，我们希望在 VR 这个浸媒体上实现同样的目标。"

同年，谷歌发布 Google Cardboard，让消费者能通过手机来体验 VR 世界，Facebook 与 Google 对虚拟现实公司的收购或投资，引发了"移动端 VR"（Mobile VR）的超级大战。[1]此外，Google 正在为 Mobile VR 打造类似于手机端的开放式VR 系统。Google 早年开发的 Google Glass 有非常方便的摄像功能，可以做到随时记录眼睛所看之处。荷兰奈梅亨大学附属医院曾尝试使用 Google Glass 来记录手术全过程，实时帮助学生观察学习。

同时，微软的 HoloLens 作为一种新形式的交互工具，真正做到了不需要任何外界设备[2]的无线传输，且性能超越大部分笔记本电脑。

2016 年 7 月 19 日，美国共和党全国代表大会用全景视频技术（VR 技术的初步探索）进行直播，为参与者提供了一种临场沉浸式的体验。

---

[1] 2015 年底，高盛发布投资报告称，到 2025 年 VR 将产出 1800 亿美元；而花旗集团则认为 AR 和 VR 市场总值高达 6740 亿美元。

[2] 如电脑或手机。

　　在中国，爱奇艺从 2014 年开始布局 VR；优酷土豆推出了"360°视频真人秀"，计划 3 年投资百亿元；腾讯于 2015 年公布了 Tencent VR SDK 计划；百度推出了 VR 频道，致力于 VR 搜索；小米成立了以虚拟现实为重点投入方向的探索实验室；阿里剑指 VR 购物，并于 2015 年斥资 8 亿美元投资增强现实公司 Magic Leap。

　　乐视推出了 LeVR COOL1 头盔，加速了 VR 体育视频直播，同步建立万人规模的 VR 导演库，与内容生产者共建 VR 频道，与新东方合作推出 VR 教育频道，与财新传媒合作推出 VR 新闻纪实节目，与土巴兔共建在线家装 VR 展示平台，与华夏幸福围绕 VR 打造产业集群等，实施 VR 生态布局。

　　在中国，除了上述传统互联网公司追捧虚拟现实技术之外，专业的投资资本也纷纷涌入了虚拟现实及增强现实领域，并成立虚拟现实的创投联盟，进一步加速其发展。[1]

虚拟与现实之间
Between Vertical and Reality

　　虚拟现实正在改变世界，虚拟的场景式、沉浸式体验

1　比较活跃的投资机构有 IDG、和君资本、九合创投和纪源资本等。

的理念正在如病毒般传播，人们对虚拟现实的向往和期许，可以畅想虚拟现实无比美好的未来，将使虚拟现实逐渐渗透到人类社会的方方面面，并对传统文化进行了重新定义和理解。

虚拟现实的本质是新一代社交[1]，必将颠覆现有的社交平台[2]，它也是继视频直播之后又一互动经济的承载形态和表达方式，它的出现必将改变人类整个经济社会。所以，建设 VR、AR、MR 生态，将 VR 和 AR 融为一体，构建沉浸式娱乐及深度参与现场的完全体验，在互动经济时代将具有重要意义。

构建生态环境是现场感体验的必要环节，优质的移动终端、精准强大的内容制作能力、迅捷廉价的信息传输成本、垂直细分的消费者角色定位等都是构建生态环境的重要组成部分。通过虚拟现实技术为消费者建立良好的消费环境，在满足其极致、迅速、简单的消费需求的基础上，将虚拟和现实的环境进行生态整合，使虚拟和现实从此再难分开。

VR、AR、MR 等可以使现实场景虚拟化的技术，是比当前的交互方式数字化程度更高级的技术。通过虚拟现实的场景

1　如手机式和一体机式。

2　颠覆 facebook、twitter、微信等。

化交互模式、大数据、物联网及云计算等技术手段，实现人与自然、人与人、人与世界之间更复杂、更深度、更直接、更真实的交互，带来可以使人们瞬间穿越时空、闪入他人时空情景的体验。从长远来讲，因为虚拟现实从根本上改变了人类的交互模式以及工作、生活及感知世界的方式，这种即将发生的颠覆性变革，也将从根本上改变人类对自然、人以及世界的观念，对人类社会及经济将产生具有深远意义的重大影响。

即将沸腾的虚拟现实世界就像一个对未来应许的美丽新世界，它不是一个简单的端到端的形态，而是一个一面是现实、一面是虚拟的，可以将人类带入数字化社会的双重载体。它的力量在于可以在人们与环境、数字化人物和事件之间，建立起一种独特的移情关系，这种移情关系使人们在虚拟与现实之间产生了更深刻的切身感受与感情联系。

所以，虚拟现实为人类在文化和认知上打开了一扇新的窗口，在沉浸式体验的世界里，人们可以在虚拟与现实之间来去自如，进行如同穿梭时空般的有趣互动和体验，虚拟与现实的界限终将越来越模糊。

数字化人
Digitalized Human Being

利用虚拟现实技术，可以把二维的、平面的社交网络，打造成更真实、更有代入感和临场感的三维立体新世界。人们的社交场合将逐渐数字化，从真实世界转向数字世界，使未来的人在数字生活中拥有自己的数字"化身"，代替自己在虚拟的世界里漫游。即人们可能在虚拟世界有另一个"我"，犹如"我"的双胞胎一样的真我是生活在虚拟世界的真我的代替者，进行在虚拟世界的互动和交流。

这个虚拟世界的"我"是在线生存的概念化的数字化人类，他们在线的存在状态，可以代替我们在虚拟世界进行探索、建设和改造，他们的这种生存意蕴可以感知我们的视觉、听觉、嗅觉、触觉及运动，甚至我们的思想，与我们进行交互，还可以和虚拟现实场景中的其他人类及数字化人类进行社交。这种可以在虚拟现实中永生的数字化人类的感知空间，可以实现现实生活中人类渴望克服衰老、疾病、死亡的愿望。

未来，虚拟世界的真实度和现实生活将如此接近、难辨真假，却又能满足人类在现实生活中无法实现的各种愿望和形态，将使人们在虚拟世界里获得更加美好的生活，以及更丰富、更多元的幸福感。现实版的游戏《第二人生》（*Second Life*）即将上演。[1]

虚拟的世界
Vertical World

未来，互动经济所进入的虚拟现实时代将是一个全新的时代，也是一个诸多传统商业模式将被颠覆的时代。多数的现实事物都会被模拟和实时运动捕捉，所有产品和服务的宣传、推广及销售，都将会采用这种更趋于人类最底层的基本逻辑的交互途径与方式。这种虚拟世界和现实世界的融合，必将在完美表现人类科技发展的同时，体现互动经济的强大力量及商业价值。

借助虚拟现实，互动经济的商业模式将具有更加广泛的想象空间。因为虚拟现实带来的沉浸式的观看体验、开放式的全新视角、交互式的现场临近感，满足了消费者对更优质视觉体验、真实捕捉和获取直播场景的个性化需求，这种身

---

1 《第二人生》是 2003 年推出的一款 PC 端 3D 模拟现实的网络游戏。在游戏里，每个人都可以在虚拟世界拥有自己的"第二人生"，与其他同在这个虚拟世界中的"人"进行关联、交互，并可以实现自己在第一人生中没能实现的梦想。

临其境的多感官交互体验可以瞬间且持久地强化用户黏性。

如 2016 年的里约奥运会，借助英国的 BBC 平台，观众可以戴着 VR 头盔，沉浸式、立体式、全景式（身临其境）地观看奥运比赛。

以下列举的是部分全球虚拟现实的产业格局。

表 4-1　全球部分虚拟现实产业格局

平台	应用商店	应用	教育培训科研教学	生活、文化、艺术、娱乐	科学计算可视化
	全景视频平台		远程会议	旅游、户外	房地产
	游戏平台		建筑设计与规划、室内及工程设计	工业生产制造应用	安全领域
	社交平台		体育	游戏娱乐	能源仿真
内容	开发工具		医疗健康保健	影视视频	应急推演
	影视制作		军事模拟	即时互动视频直播	影音媒体
	虚拟影院		电子商务	城市规划、仿真等设计	管理工程
	游戏开发		虚拟航空航天	商务领域	文物古迹、地理
	虚拟体验		社交	虚拟展示、现代展示	产品设计与维修

人类持续拥有的改变世界的本能和欲望，将促使人类持续不断地研发并应用各种虚拟现实的移动信息输出设备，并且实现所有 VR 应用在移动端的定制化。所以，未来人类必

将进入"后手机时代",并将用更加自然的方式与虚拟现实的设备进行无缝对接。

　　虚拟现实技术还将进一步深化 IP 可能的机会空间和思维边界,使 IP 有可能获得可预见的更大的影响力、话语权以及进一步泛娱乐的跨行业的增值空间和衍生空间。

　　目前,在虚拟现实行业还缺乏统一的交互标准,但是摩尔定律 [1] 将促使虚拟现实行业加速发展,所以,这也是未来人机交互领域需要制定的行业准则方面的潜在突破点。

　　未来,互动经济将使人类生活在虚拟和现实共存、并且可以自由穿梭的两个世界里,虚拟与现实之间的界限将逐步模糊,并最终融为一体。在这里,每个人都拥有自己的世界,每个人都是这个世界的"国王"。

虚拟现实与直播
Vertical Reality and Live Broadcast

　　虚拟现实是人类一种新的表达方式,其身临其境的、直接的、可以将分享信息变为分享经验的社交和互动体验,使

1　摩尔定律是由英特尔(Intel)创始人之一戈登·摩尔(Gordon Moore)提出的,具体指集成电路芯片上所集成的电路的数目,每隔 18 个月就翻 1 倍。该处形容技术的迭代发展之迅速。

人们对虚拟现实倾注了前所未有的关注与热情。它必将成为人们继文字、图片、视频、直播之后，新的最主要的在线沟通方式，以及分享、交流、信息传播、互动体验的重要社交平台。

目前，虚拟现实技术已经成为视频直播市场颠覆性的催化剂。沉浸感、临场感、交互感、现场感以及立体的、真实的、个性化的即时互动的 VR，将逐渐与互动视频直播相融合，并成为标配。

VR、AR、MR 的深度感知技术，使它具备空间感知能力，可以读懂周围环境，并解决位置、物体大小、远近距离等物品的虚拟摆放的难题，与真实场景的融合度非常高。同时，随着无线移动虚拟现实设备的发展，大大提高了场景的逼真效果、动作追踪及捕捉能力、及时交互和学习能力，使图像变得更生动、丰富、饱满，改善消费者的即时互动体验，让所有的参与者都能够越来越真切地感受到强烈的现场感和沉浸感的 3D 立体化的视频直播，并产生更强的互动欲望，从而实现从人机交互到多屏人人交互，再到沉浸式人人交互的演进，实现突破性的升级与体验。同时实现从跨屏直播到多屏式直播，再到借助虚拟现实技术的无屏直播，向直播场景的高维拓展。

第五章 | **互动经济 +**

Chapter V　The Interactive Economy+

22

互动经济的生态
Ecology of Interactive Economy

商业生态
Ecology of Business

互动经济时代传统的商业网络关系将不断被撕裂，商业模式将越来越扁平化，整个社会结构将变得越来越和谐，并将给人们带来更加平等的参与机会。

首先，在互动经济时代，人们对商品与服务的诉求将更加集中在兴趣、爱好、渴望、理想、热情等关注点上，这必将催生出更加发达的小众社区，以及更加细致、精准的商业模式，并逐步稀释传统大而全、具有综合性商业架构

的形态呈现。互动经济还将重构云计算的生态，把云计算资源共享发挥到极致。从而在即时互动、共享、公开、公共的基础上，使整个社会的经济形态呈现出协作更高效、垂直行业细分领域的资源配置（协调与支配资源）更优化的能力，使整个商业生态系统更加逐步趋向和谐。

　　所以，在互动经济时代，所有传统的商业模式都需要搭载上互动经济的平台。也只有顺应这个趋势，商业模式才更有可能在未来绽放。因为有了互动经济，企业将会跟消费者一起更好地了解自己、了解世界，而优秀的企业也将逐步形成一套自有的、完整的、系统的商业生态及商业精神，从而建立一套更完善、更合理且更优质的商业新秩序。

超越木桶理论
Beyond Barrel Theory

　　在互动经济时代，传统商业理论中的"木桶原理"将不复存在，人们再也不需要急切地弥补个体的"短板"。

　　由于科技的进步，人类逐步摆脱了集中劳作式的工作形态，商业形式的泛娱乐化，使劳作更加接近于回归到人类本性的自然生态之中，人们可以更加自由地选择自己喜欢和擅

长的工作。这就使一些优秀的个体可以充分发挥自己的优势
与长处，他们具备的可持续生产内容的能力，将使他们更容
易迅速积累财富及声誉。这种现实形态也为富有个性的职业
提供了巨大的提升空间，并成为即时互动经济时代的新的个
体追求。[1]

　　也只有这样，将个人的优势充分施展并发挥到极致，才
有可能获得外界的认可，并与外界产生充分的合作，成为价
值的传输节点。这种商业环境将使即时互动经济下的各种商
业模式从综合整合走向垂直协作，每个独立经济体都将获得
从单环节价值体系的分工者转变为独立的创造者、贡献者和
协调者的机会。

　　所以，在即时互动经济里，更多独立的劳动个体将成为
独立的经济体，不再受木桶原理的束缚。他们在独立地完成
单项任务时，也可以进行随机生态的组合及组织协作，去执
行更加复杂庞大的、系统性的商业工程和社会工程。这不仅
使他们成为生态价值链的某个环节，还有助于他们实现亚伯
拉罕·马斯洛（Abraham H.Maslow）的需求原理中关于人类
的最高需求——"自我实现"。同时，每个人又都是有着自

1　如播客们在垂直多样化的平台直播，摆脱了传统僵化的工作时间的束缚，成为传
　统经济视角下的自由职业者。

己商业价值的标签（Logo）和品牌（ID），这就改变了传统经济中的组织成员劳动积极性逐渐衰退的模式，颠覆了传统经典的管理理论中的激励、绩效等基本的管理原则。

此外，互动经济时代在自由信誉基础上的商业信仰，也更加促使人们为维持个体优势而对原有专业技能进行不断学习和对新型知识领域开展不断探索，人们将更加注重自身在商业生态价值链中的成就感、信用度与信任感。因为没有互动经济时代的信仰及商业精神，他们的影响力将会瞬间枯萎，甚至消失。

所以，即时互动经济时代给人类带来的物质和精神文明的步伐将越来越快，财富的裂变、聚集与消失也将越来越进入一个波澜壮阔的新时代。

新的商业思维
New Business Mind Set

互动经济时代脱胎于移动互联，而在移动互联时代，新的商业模式往往伴随着大量资本的博弈，会出现"烧钱"式的抢占市场份额的情形。而从现阶段视频直播行业的发展势头来看，互动经济下的各类商业模式也有着在资本大战中进一步优化平台的整体趋势。

随着互动经济大潮的袭来，当前的诸多行业将被改变，同时也会有更多的企业在浪潮中默然退出。怎样应对公众对产品的迅速出现的厌倦感及疲劳感、怎样持续得到公众关注、怎样刺激视觉疲劳的消费者对产品产生持续的兴趣、怎样应对消费者的多元化及多样化需求、怎样使产品更加跨界融合创新等，都是企业必须面对的一些新的命题。

互动经济下的新型企业，要想做大做强，做到可持续发展，其战略定位应为搭建一个集产品、内容、技术、带宽、流量、服务于一体的垂直综合型、平台型、产业链和生态型企业。通过具有社交关系沉淀的话题性即时互动产品内容，重构其商业生态，从而维持其稳定增长的价值，形成具有良性和可持续生产能力的混合综合体。

互动游戏化
Gamification of Interactive

人类的天性是喜欢快乐，而游戏通常能给人带来快乐。在游戏的世界里，人们很少感到寂寞、无聊和痛苦，而是感到快乐和幸福。互动是游戏必要的特征，在互动经济时代，企业商业模式的布局不可或缺的一个板块就是互动游戏的设计、策划、运作，并与企业产品和服务的销售进行融合。

互动游戏是互动经济时代的企业组织或独立经济体等各种商业模式主体，为了吸引更多的参与者和消费者有黏性地进入它们细分领域的垂直社区，并成为其产品或服务的购买者，而设计的以参与者兴趣驱动为主的，可以增强营销本身的即时互动娱乐性[1]的互动游戏。

互动游戏给未来的企业销售播客提供了一种可以借鉴的高效的营销方式。在对企业产品和服务进行互动直播营销的过程中，企业播客可以通过设计众多人物关系和矛盾冲突的游戏与消费者进行深度互动。因为未知性和不可控性增强了玩家的好奇心和参与欲，玩家可以在与播客的互动中为游戏出谋划策，并有机会主导游戏剧情的走向、游戏角色的去留和游戏的输赢等，以此提高消费者黏性，沉淀消费者。

在互动游戏进行时，移动端屏幕不但显示字幕型弹幕提供即时内容，同时还可以加入声音语言的提示与交流，这些话题、槽点、惊喜、趣味、不可思议的内容等，可以更加刺激玩家的持续参与欲。

1　如在"速配"游戏中，通过制定相应的规则，在用户参与时，满足要求的用户是一男一女，企业播客将二者的头像显示在即时互动现场，完成"速配"。

但游戏的无限互动并不是理想的状态，没有主题和方向的无限互动很容易降低互动游戏的内容质量，导致降低消费者黏性。不同产业、企业、品牌有必要对互动游戏进行合理的规划及设计，明确目标消费者人群，根据时间、平台定位、内容属性及互动目的来进行精准的投放，以确保在消费者自主性和游戏节目可控性之间取得平衡，增加消费者黏性，从而在企业播客团队、互动内容、参与者和消费者之间形成良性循环。

通过恰当的互动游戏使真实世界游戏化，用游戏思维改

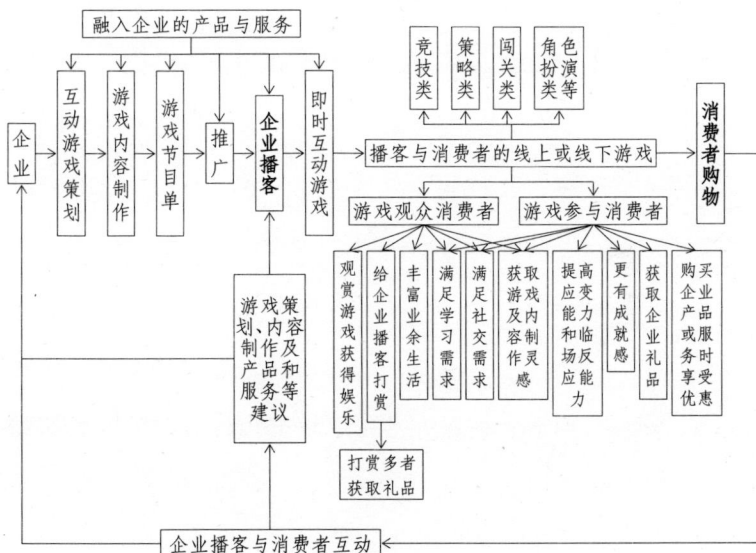

图 5-1　即时互动游戏需求驱动及流程

变社会生态，使生活与游戏交互浸入，将使销售、协作、娱乐等变得更加匹配人的本性。

23

互动式营销时代
Interactive Saling Era

互动化营销

Interactive Saling

在传统经济下，消费者的绝大多数问题都源于对产品和服务程序的不了解，而多数企业除了广告宣传以外，并没有主动详细地介绍产品与服务，基本上都是通过客服被动地来解决消费者疑问。所以，商业营销所期待的聚合力不足，也偏简单化。

在互动经济时代，互动＋场景＋内容＋关系＋情感依赖将成为营销革命的新的爆发点，所有跟人们生活相关的产品和服务，其内容和营销都将变得更有独特性和趣味性。这将使传统的企业通过互动类的传播，逐渐向新颖的、具有时代特征的产品传播方式转变，从而改变其商业产品单一化的销售方式，赢得互动经济时代消费者的青睐。

互动直播作为互动经济时代的首要承载形态，各行业企业将首先迎来一个以移动互联网为流量入口的视频直播式的销售时代。这种移动端的入口价值将在互动营销中被充分体现出来，并形成便利的社会化营销渠道，因为它所带来的一键下单、一键咨询及快速的移动支付手段等都扩大了即时购买的便捷性。

企业可以通过独立播客或者播客团队组成营销团队，通过人格化的全方位"面对面"的直播服务，在一个双向动态开放的直播环境里，介绍和解释企业产品和服务流程等各项问题，把传统的媒体对客户的间接服务，变成直接的 B2C 服务，使消费者看到、感知、接受甚至主动传播其品牌。这是一种主动型的为客户服务的理念，其双向互动式营销模式不受时空界限的制约。

这种直播服务所带来的销售力和号召力，将使商品销售的互动过程成为一个丰富的精神体验过程。这种服务销售过程，缩短了企业与消费者之间的心理距离，使产品和服务更容易进入消费者的精神世界，进一步增强了消费者对直播平台的情感依赖，使消费者的消费更具可持续性。当然，播客通过这种"面对面"的服务，在给予每一个消费者满意的解答的同时，非常满意的客户也可以给企业播客打赏，以资鼓励。所以，在这种企业主动式为消费者进行服务的同时，也进一步加速了消费者为达成某种目标而与企业进行主动的即时互动的态势。

在企业播客的选择上，互动经济时代的企业还有必要考虑企业播客与企业形象、产品和服务的匹配度，从而寻找最合适的企业播客。只有这样，才有可能在销售内容制作时，把消费者对某种产品功能的真实需求、价值取向与产品精神层面的共鸣更加生态、更加完善地融为一体。每一个产品和服务都应该是一个有故事的产品和服务，每一个优秀的播客都应该是一个有故事的人。这也将使消费者更加在意产品、服务及品牌与企业播客之间是否形成了有机生态的契合模式，以及在互动过程中可获得的精神层面的满意程度。

这种借助企业播客"面对面"地运用社交网络沉淀与消费者之间的关系与黏性，实现营销与消费者需求的无缝对接，形成企业的商业价值的行为，是企业产品和服务物理性表达与精神性表达的综合体，是互动经济时代的企业借助移动互联，抢占营销制高点的必要手段。

这种在商业销售直播平台，通过企业播客和消费者"面对面"地沟通与销售的模式，将改变目前的商品流通销售模式。

这种全新的社会互动式营销方式，将成为未来营销的常态。它可以充分占领尽可能多的细分市场，改变这些垂直行业的营销业态，形成集推广渠道、内容、销售途径等多环节为一体的生态营销闭环，打破传统经济中的地域界限及大企业的垄断、传媒、广告及培训等，把人类传统的企业商品营销模式带入一个新的营销时代。

场景化营销
Scenario Saling

场景化的跨界广告营销也将进一步融合在同一个直播平台上，场景即企业的产品和服务，场景即互动内容，场景即消费平台，场景即生活情境和社交环境，场景即营销基本策略。

在泛娱乐精神的指引下，这种场景式视频直播销售，将把产品和服务销售变得更戏剧化和娱乐化，这种有趣味性的交易气氛更利于消费者的决策及群体效应（消费者群体的决策会影响每个参与个体）。因为它可以使参与者在不经意间产生消费欲望，这种消费欲望并不是因为有想要某种物品，而是以想要接近某个喜欢的偶像或与其有某种联系为初衷的购物消费。这种交互型的营销及娱乐化的消费方式，有助于使企业、产品和服务与消费者之间建立更加密切的、有深层次感情沉淀的新型消费关系。例如未来，互动拍卖即互动竞价将会成为直播互动销售的新常态。

这种新型消费关系可以使消费者的主导性得到充分体现，彻底改变传统的以产品和服务为唯一主体的销售模式。因为，如果企业还延续传统互联网时代的以纯粹的商品性营销为中心的模式展开营销策略，该企业的品牌、产品和服务将会因快速透支而衰落。

所以，互动直播销售具有天生的集体聚焦优势，是一个可以无限扩大消费者规模的集群化销售模式，而企业对为增加消费者黏性而设计场景、制作互动内容的不断努力也将进一步沉淀消费者，改变消费者消费生态。

边看边买

Shooping While Watching

互动式直播营销这种更加人性化和娱乐化的营销方式，

以给消费者营造一个回归到人类最初销售场景的氛围为初衷，即把企业播客与消费者拉到了"面对面"的同步交流场景中，形成互动式买卖方式（叫卖与直面）。这种回到了互联网电商时代以前那种面对面的、传统的、富有亲切感的商业销售中来的买卖方式，改变了传统的互联网销售及服务模式中企业与消费者的距离感与陌生感，为边看边买提供了可能。

即时互动是一个"近距离"体验式的综合性营销生态，企业播客（真人秀，以及未来的人工智能）通过这种高接触度的"直播＋社群＋服务"的营销模式，将娱乐价值与产品和服务价值融合，搭建有效的感知内容的场景，使播客与消费者之间可以产生朋友般的亲切交流及娱乐幸福感，从而在这种友善的、无意识的互动中，洞察和深度挖掘消费者需求。

同时，消费者也可以获得足够的自由度和选择权、深层次的参与感和体验感，如消费者可以不断向播客提出各种包括产品、服务、内容生产等方面的问题。这种可以通过各类应用场景，把消费者复杂的反馈机制变得更加简洁、直接的体验式销售模式，使得销售的整个过程变为有黏性的社交行为，边看边买，即时互动属性和成交属性同步落地，[1]使整个直播销售过程变为互惠互利的循环。

1　如通过互动给播客打赏的方式，也增加了互动中的感情交流与情趣。

为了进一步加强消费者的代入感，生产者还需持续不断地为增加与消费者更多的感情上的联系而努力，使消费者对产品、服务及品牌产生依赖感，进一步放大企业产品和服务品牌的影响力，而播客团队的内容策划与生产能力也将提高到前所未有的高度，进一步刺激消费者边看边买的积极性及转化率。

近距离的力量
Power of Proximity

互动直播销售相比传统的营销模式，是一种"近距离"的、通过情感驱动的营销方式，它将彻底改变企业对消费者信息了解不足的状况，可以更有针对性地对产品进行定位，对产品价格、销售方式等进行调整，实现精准营销的目的。因为这种"近距离"营销更透明、更真实、更有趣味性，所以，在互动经济时代常态的病毒式传播和推广的驱动下，其品牌与影响力可以更加快速波及社会的各个角落。[1]

从目前的实践来看，"固定直播"与"微视频直播"[2]相

1　透明、真实是近距离营销以及获得可能的推广范围及影响力的基础。

2　一些更精准、更节省时间的短视频。

互配合的营销方式是视频产品直播初级阶段的两种主要直播方式，并呈现两极分化的趋势，视频直播的营销模式有覆盖全球各个角落、各种生活产品及服务形态的趋势。但是，内容生产与直播消费平台的整合能力还有待于进一步加强；场景的精准定位将是未来生产内容与消费者互动的价值评判标准；如何让消费者在产品和服务上寄予更多的情感，是需要企业和播客进一步探索的问题之一；如何拉近与交易的距离（拉近消费者与播客和产品及服务之间的距离），也给了企业及互动直播团队无限的探索空间。

然而，我们有理由相信，随着互动经济在各个细分市场的逐步深入，内容的趣味性、故事性和想象力将获得进一步发展，所有的产品及服务将更容易植入流行元素。在消费者粉丝化的基础上，产品和服务先免费再付费的互联网思维的商业模式、销售模式及服务模式将成为标配。

随着科技的发展，语音识别、图像识别等技术的边界将不断得到拓展。如可以使消费者在与营销播客的娱乐互动中，通过语音口令召唤商品链接，通过图像探测显示商品链接等。

随着 VR、AR、MR 等虚拟现实技术的不断发展，互动经济将植入这些改变世界的新型技术，更多地产生虚拟的播客及多样变化的互动场景和消费场景，从而使消费者消费体验更佳，进一步增加消费者快速购买的可能性。所以，未来的企业将进一步在移动端的虚拟世界中进行互动营销。

正如彼得·德鲁克所说，企业就是为了创造客户。互动经济是移动消费者端经济，谁能抓住移动消费者端，谁就能创造价值，谁就能可持续发展，谁就能掌握未来。

24

即时的视频直播

Vedio Live Broadcast

视频直播

Vedio Live Broadcast

视频直播采用流式传输方式，属于多媒体中的流媒体。目前有些理论认为，视频直播只是一种工具，其实不然，视频直播是即时互动经济的一种表达方式。人们对视频直播，既是一种观看，也是一种介入，它可能更强烈地刺激人们并引发思考。它改变了人们生产与消费的连接方式，并将逐渐融入人们的衣食住行等各种生活需求的垂直领域。

视频直播平台具有高度开放性，提供动态云服务，它的消费者一般流动性很大，所以直播平台的关注焦点是流量。因此，为了增加平台流量，在这个拥挤的赛道上，企业将越来越注重生产质量高、专业化程度高、有可扩展性、具有特色的内容来吸引众多优质的消费群体。

同时，除了直播平台自身对优质内容的不断挖掘与持续探索外，还会出现专业的视频直播服务提供商，它们将通过提供 PGC 服务，为企业提供更专业化的内容生产服务。如 2016 年 8 月，百度视频成为互联网视频行业最重要的流量入口和 PGC 内容分发平台。这在很大程度上促进了视频直播行业将比传统网络建立更庞大的、质量更高的生态链。

目前，各类企业和视频直播平台之间，已经初步进行了多种组合方式的合作与整合，但也给未来的视频直播行业中企业自身、企业与企业之间、企业与直播平台之间，以及平台与平台之间的合作、整合和重组提供了更大的想象空间。这使得早期进入直播界的企业能够获得先发优势资源，也使传统的、在互动经济来临之前就具备了互动经济的一些基本要素的网络平台，得到一次弯道超车的机会，直接进入互动经济时代。

视频直播在中国
Vedio Live Broadcast in China

在中国，"视频直播货架"的娱乐化的视频直播内容受到广泛的欢迎，大众视频直播、万众围观、全民参与、及时互动评论变成了一种当下流行的消费文化。目前，视频直播已开始渗入到诸多行业。传统的互联网巨头如阿里巴巴、百度、腾讯，都已经拥有了自己的视频直播平台，其他著名的直播平台还有 YY、斗鱼、熊猫、虎牙、映客、花椒、小咖秀、秒拍、美拍、陌陌、网易、奇秀等。

中国的大多数视频直播平台始于模仿 Twitch，都是以"中国版 Twitch"的形式进行推广宣传而建立起来的。所以，Twitch 的旧式的聊天交互模式，是中国视频直播最初的商业模式。但是随着视频直播行业在中国的发展，逐渐发展出通过充值会员、等级特权等模式实现盈利，并带来了直观的经济收入（消费者背后连接着银行卡）。

随着视频直播行业竞争的不断加剧，视频直播平台在动态中洗牌、角逐，已演绎出新的竞争格局，并开始拓展和不断升级专业内容的制作和运营[1]，形成了更规范流水线式的运

1　逐渐与游戏、综艺娱乐、旅游等内容提供商开展合作。

营程序，提供更完善的直播服务[1]，从而带来更强烈的传播效应[2]（当前的明星粉丝效应[3]虽然可以带来暂时的裂变式增长，但不足以形成用户沉淀，价值转化能力弱）。

只有更多的优质内容，才是企业可持续发展的生命力和源泉，从当前的"颜值 + 才艺"模式，或从网络写手到"直播红播客"模式来看，内容始终是走红的资本，尤其进入到全民直播互动的新时代，所有的移动平台的核心竞争力都将回归到内容本身，即通过构建内容价值链，运营内容，提升竞争力。而"话题 + 颜值"的模式终究只是一个非主流市场文化的快销品，以往的商业经验告诉我们，任何的市场都不可能把主流文化让位于低俗文化。

对于一个视频直播企业来说，自身的品牌价值是否可持续发展将是关键。播客的综合才能是吸引消费者的源泉，但单纯地依靠播客的个人品牌，来聚集盈利点，势必会影响企业品牌的长久发展。因为播客的个人品牌虽然有迅速聚集人

1　如更多的信息窗将使直播形式更完善。

2　2015 年 10 月 10 日，对芜湖爆炸案，花椒视频直播做到全国全网首播，提升了日活跃用户，迅速制造了口碑传播。

3　明星效应带来的粉丝流量：刘涛的网络视频直播首秀 5 分钟使映客瘫痪，破了视频直播平台在线人数最多的纪录，粉丝同时在线人数破 17 万，总收看人数高达 71 万。明星效应同时带来的关注度：刘涛的网络视频直播首秀不仅在微博等社交平台引发了全民热搜，一举进入到 4 月 9 日的百度实时热搜榜，两起事件的百度搜索指数更是均到了 15，成为百度热搜的热点。

气的特点，但同时也会转瞬即逝。

目前，多人组合的播客聊天形态已经成为常态，在他们之间彼此连麦、互相问答、自我互动的同时与观众互动，并配合语音、弹幕等互动工具，使直播形态更加多样化。

目前，视频直播平台的利益主体主要有三方：平台方、经纪人（企业播客管理者）、企业播客。消费习惯的养成和移动支付的普及逐渐催熟了视频直播行业的盈利模式，即其按照比例分成的播客管理模式已经走向成熟。从商业角度看，目前采用的是一种简单清晰的、流量变现明确的闭环盈利模式。

会员在视频直播平台通过充值方式购买道具或礼物，然后送给播客，播客的一句"谢谢"或其他温馨的话语都可能成为消费者送礼物的理由。播客在收到这些礼物之后，在流量和打赏的基础上与平台方和经纪人分成（先由直播平台抽成后，才会进入播客个人账户），不同等级的播客拿到的底薪和抽成比例各不相同。

直播平台还可以依靠大数据贩卖平台流量，通过精准的广告变现来获取利润。播客也可以通过发广告等方式获取利润，还有一些电商领域的播客，通过视频直播平台增加其知名度，进行电商导流，获取电商收益。因为对这种播客节目进行包装传播变现的过程周期较短，所以目前视频直播的盈利模式是简单而精准的。这直接体现了互动经济中的受众范围广且黏性强、平台更加自由和透明、科技迅猛发展、变现能力强的特点。

　　然而，中国的播客行业还有很大的进步空间，如现阶段的拜师并通过缴纳"转粉"费等传销式的手段，将被现代的

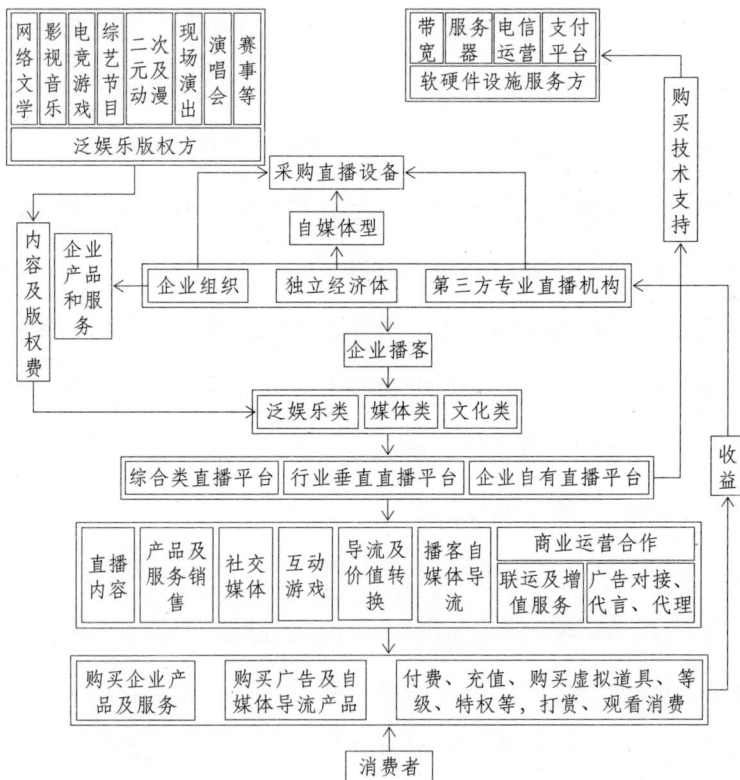

图 5-2　视频直播产业模式生态图

培训操作所代替。未来，每个企业都将会通过自设的或专业
的播客学院，更系统、更专业地培训与用户沟通的技巧，使
社交与成交同步。如企业播客也可以利用饥饿营销方式，在
一个垂直频道上有多个播客定点定时的直播，从而使客户更
有黏性、更有心理依赖感和挂念感。

直播行业现状

Facts on Live Broadcast

　　直播发展分为五个阶段：第一是 PC 端的网红秀场阶段；
第二是游戏视频直播阶段；第三是全民移动视频直播阶段；
第四是垂直视频直播阶段；第五是 VR 直播阶段。

　　秀场视频直播平台，是把传统的"民间卖艺"的场景搬
到移动互联网上的直播平台。因为随着时代的发展和科技的
演进，表演的方式和渠道逐渐有所不同，消费者的娱乐诉求
和渠道也有所改变。所以形成了在结合现阶段的技术元素的
基础上，模仿自古有之的"民间卖艺"的场景（传统的表演
方式）来进行直播表演的一种直播平台。秀场直播平台的主
播既延续了传统民间艺人卖艺的场景（包含颜值、才艺、情感、
陪聊等），同时也把夜总会的元素加入到其中。

目前，秀场直播是"平台＋公会＋明星播客＋粉丝经营"的商业运营模式，采取平台充值售卖虚拟物品，再和公会主播分账的盈利模式。基本上还是美女＋简单才艺内容的"给你看"（个人展示型）的颜值经济（高颜值是标配），属于无主题表演，也是单纯满足眼球的经济即荷尔蒙经济。[1]粉丝们为了博得"嫣然一笑"，不惜豪掷千金。

秀场模式属于一种感官需求，这种对美女、帅哥的感官需求和人性天然的窥私欲对观众有天然的黏性。但是这种颜值经济将会慢慢地带来视觉疲劳，逐渐被有个性和趣味性的、可以更加充分释放场景主题的内容所代替，如展示第三方行为的，对未来的学术会议、研讨会、名人深度发布会、演唱会等"带你看"的直播平台。

把"给你看"和"带你看"这两种行为相结合的是游戏类视频直播平台。视频直播概念及形式的出现，使游戏的场景更具体、更生动，也使电竞游戏更加平民化、轻娱乐化。电竞游戏属于网络体育企业，是互联网时代年轻人的消遣方式之一，它是利用电子设备作为竞技载体进行的、相对公平的、人与人之间的智力对抗运动。电竞直接引发了游戏视频

1　如崔阿扎，长相甜美、歌声动听，单周收入千万元；熊猫 TV 女主播视频直播睡觉，也可以获得王思聪 7 万元打赏；韩国少年金成镇，每天视频直播吃晚餐过程，每晚上平均可挣 11000 元。

直播，也是目前游戏行业最主要和最受欢迎的现场视频直播项目和内容之一。[1] 它不是指单纯的小众、垂直的电竞游戏，而是以视频内容为载体，以电子竞技比赛或电子游戏为素材，是娱乐化的、影响力更大的，添加了包括主播实时秀场展示、直播联赛解说其本人及其他游戏玩家的游戏操作过程和游戏节目、广告等多种元素在内的新型直播平台。

一个游戏玩家可以在打游戏的同时加以解说，这不仅进行了游戏推广[2]、增加了个人关注度、延长了游戏生命，还是刺激其他玩家游戏内消费的重要手段。但是游戏视频直播成本较高，首先是因为现阶段游戏直播平台的主播概念相对较强，主播的复制难度相对较高；其次是目前带宽成本也非常之高。[3]

目前，电竞游戏节目包括专业媒体制作的游戏节目，以及个人爱好者制作的 UGC 游戏内容。电竞视频直播平台的首要核心是内容，平台既是电竞主播自身的秀场和游戏及联赛

1　如 Dota2、LOL、炉石传说等。

2　目前，游戏视频直播的主要观众群体是学生和白领。

3　有数据表明，2016 年 2 月 18 日，斗鱼 TV 的在线人数超过 1000 万，战旗 TV 在线人数约 500 万，龙珠在线人数约 400 万，虎牙在线人数约 100 万。如果当月 100 万最高同时在线人数，对应消耗带宽 1.5T，月结费用 3000 万元。所以斗鱼 TV 每月需支付 3 亿元，战旗 TV 为 1.5 亿元，龙珠为 1.2 亿元，虎牙为 3000 万元。

国家新闻出版广电总局　公安部　文化部　体育部

审核通过　←　内容监管　赛事监管

电竞比赛　→　赛事奖金

职业及顶尖业余选手　→　职业收入／日常工资／其他收入

产品内容

游戏开发　赛事授权　赛事承办及执行方　←　广告赞助商　→　赛事参与方

游戏运营

电子竞技俱乐部联盟

经纪公司和公会等　双方重叠

内容版权

电竞综合服务及内容平台　电竞明星　赛事主播

游戏开发大赛

游戏发行

电竞衍生品　电竞赛事　技术讲解　赛事解说　日常游戏直播

导流及价值转化

内容发行版权分享及出售　用户订阅及频道服务

自营商品　广告品牌代言

电竞游戏视频直播　游戏电视台　游戏电视传媒　电竞资讯播报媒体　电竞综艺节目等

平台签约费　与平台分成　付费打赏　购买

赛事及衍生内容输出

电竞消费者消费　门票、周边等收入　衍生品平台销售等　←　用户及消费者

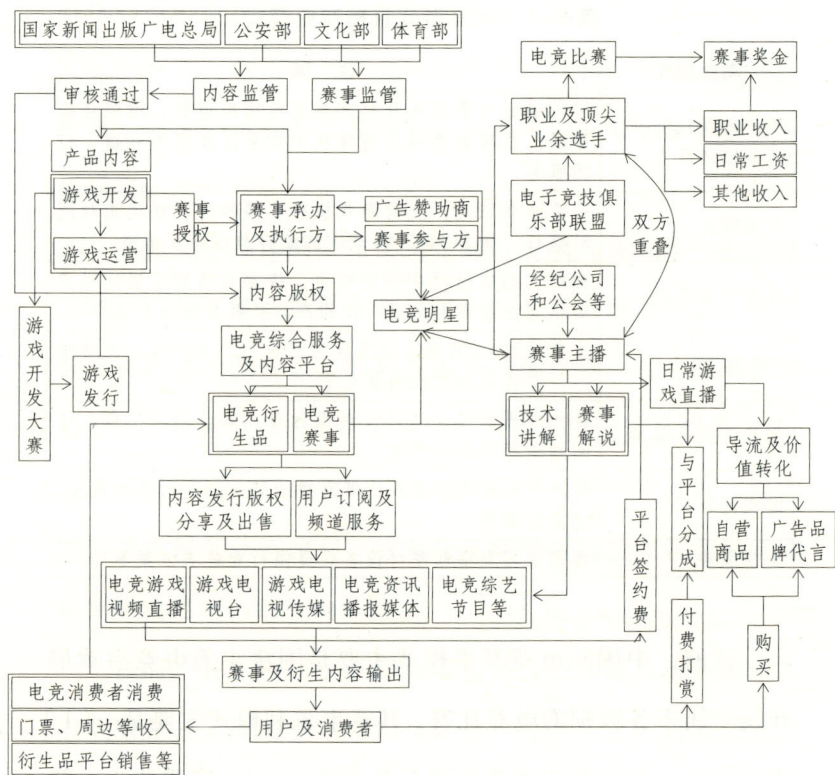

图 5-3　中国电竞商业模式平台图

食健身等内容。

　　目前的泛娱乐涵盖范围包括现有游戏和秀场类视频直播平台、明星视频直播、活动视频直播、演唱会视频直播、体育赛事视频直播等多元化的直播形态。所以，在泛娱乐精神的指引和全民直播的趋势下，未来直播平台的消费者涉及面

将更广，播放内容将更加多样性，播客的个人才艺展示将更加灵活。

　　未来随着受众的持续分散和聚集，各类细分垂直的直播平台将接踵而至，并成为主流。以及随着虚拟现实技术的不断演进，VR 直播形态也将不断涌现。

视频直播的特点
Characteristics of Live Broadcast

　　视频直播是所有互联网经济中变现最快、最直接的商业模式之一，也是一个具有无限的商业机会的更广泛的平台。[1] 它拥有着天然的跨界优势，其即时、实时、互动、快速、直接、公开、开放、共享、自由、可存储等特点，使它可以更加便捷、新颖地满足人们观看与社交的需求。所以，目前越来越多的网红和娱乐界专业人士已不再是偶尔以玩票性质进入直播，而是把直播视作代表未来趋势的新兴行业而持续稳定地参与其中。

　　同时，视频直播在空间和时间上，也有着零时差播放、

1　Miss 一场视频直播可获得百万元收入，在 2016 年 2 月 22 日的视频直播中，前
　　5 名打赏超过 100 万元；袁腾飞花椒首秀半小时就吸了 50 万用户关注；YY 秀场
　　某女主播得到两个粉丝公会负责人的青睐，这两个粉丝在视频直播中比拼炫富，
　　一次下来双方打赏均百万元之巨。

绝无剧透的优势，与文字和图片相比，更具备传播所需的所有经典要素，它在传播力和表达力上有更强的优势。但是，有概览功能的文字和图片将不会彻底消失，它们将以互动经济时代对知识或者信息获取的补充的形态呈现。此外，视频直播还拥有实时监控优势[1]，可以用在儿童护理、宠物护理、医疗机构等场所，还可以用于特色服务，如餐厅、酒店推广以及旅游景区推广等方面。

从消费模式来看，视频直播是前所未有的、更人性化的，也是到目前为止人类最理想的商品分销渠道。

然而，当前的视频直播行业面临巨大的调整空间。（1）盈利模式单一，直播平台只是从中抽成形成盈利闭环。（2）内容同质化严重，[2]且由于内容贫瘠，所以在泛娱乐的旗帜下，提供空虚和欠高雅的内容以迎合消费者的猎奇心理。（3）各视频直播平台严重依赖于播客个人的影响力及粉丝数量、依赖高频入口导流来维持活跃度。（4）平台之间竞争激烈而采取数据造假手段，包括刷流水等，[3]这在业界已经是公开的秘密。（5）行业自律规则不够完善，存在政策风险。（6）习

1　如可用手机联网监控。

2　以游戏视频直播为例，如中国的斗鱼、熊猫、虎牙等直播平台，其最大的区别在于，其平台名称不同，及所拥有的播客不同。

3　一些播客由其团队或经纪公司大批量向直播平台充值，换得虚拟货币，注入其主播账号，并由团队或经纪公司与视频直播平台五五分成，达到使主播成名的目的。

惯于互联网的烧钱模式，使直播平台的收入，根本无法与平台高额的运营成本（推广成本及播客签约成本等）相平衡。（7）即时化直播播放使优质内容挖掘与制作困难，部分优质视频直播内容被冗长平庸的内容所覆盖，直播的形态使内容审核评估更加困难。（8）当前的网生代忠诚度及黏性较弱，平台的竞争优势随时变化，缺乏消费者自身成长的动力。（9）市场发展初期，商业模式单一、技术单薄无力、内容乏善可陈，关于产品和服务的直播营销还有待于进一步的探索与研究，有很大的发展进步空间。

从总体来看，当前的视频直播的信息功能形态是一种后结构主义的范式，从语言到内容似乎不追求整体内容的含义和意义，只追求语言本身给受众者带来的幸福感。如后结构主义的歌曲，主题常常和歌词没什么关系。

这种后结构主义的直播形态，不会给我们带来很强的节奏感和紧凑感，所以，后结构主义的范式使传统的企业和传媒很难理解和满足新生代的需求。但是受众的年龄结构偏年轻化，年轻人的需求就是社会需求。企业只有接受这种思维的转变，通过这种后结构主义的传播方式来传播知识和内容，才有可能占领未来的受众市场。

目前，互动直播作为互动经济时代商业环境的直接体现，小型直播平台将逐步依靠抱团取暖、比较性优势，并通过大数据驱动产品创新、服务创新、营销创新和消费者忠诚度，开辟新的领域。同时，除传统的广告、打赏、电商收入及付费服务外，单纯的娱乐主播也将逐渐把商业模式延伸到能够带来经济利润的周边领域，如植入购物链接、进行品牌合作等增值服务形式正逐步涌现出来，其变现能力将超过传统业态的商业模式。这种视频直播经济已经成为现阶段文化产业中增长最快的新业态之一，因为流量是一切的基础，是平台商业价值的体现，广告投放等商业行为都得参考流量。

　　小型直播平台还可以充分发挥视频直播平台明显的运营优势，以满足消费者更高效获取信息、更丰富生动娱乐体验等消费追求。部分视频直播平台将发展成为多内容形态的垂直综合视频直播，即在一个直播平台上有多个垂直型服务平台。[1]从而建设多维一体的内容生态建设机制，并基于产业链延伸，形成多元化的商业模式。如餐饮业、培训业、社交、制造业、旅游业等，只要是产品和服务需要宣传的行业，都可囊括到视频直播平台中来。因此，互动视频直播作为互动经济的开端，将逐步形成多元的跨界合作和线上线下全商业模式的布局。

1　花椒直播就有分别针对不同人群和不同市场定位的秀场、创业、财经等频道。

25

想象空间
Prospecting Future

互动平台的想象力
Imaging Power of Interactive Platfrom

想象空间是由即时互动理念所衍生出来的，对各行业各领域的商业模式的重新定义。直播作为互动经济的初期阶段的切入点，目前，它的热度已经覆盖了诸多领域，正在逐渐改变我们的世界；并从初期的陪伴功能逐渐发展为信息的嵌入和传递功能，可以迅速放大信息价值。它对现有的社交、产品及服务平台有非常强的颠覆力量，[1] 所以原有的有强大资源的企业正在以直播 + 的模式大举进入直播领域，使直播平台大面积涌现，市场呈现高竞争业态。

场景碎片化、平台垂直化的移动端视频直播平台，可以使消费者拥有更丰富多样的内容，以及更大的选择范围。在秀场从小众走向全民化的趋势下，并随着专业化团队的不断融入，美女经济、眼球经济将逐步退烧；随着时间的推移，许多游戏视频直播也将逐渐放下最初的游戏定位，逐步摆脱传统的商业模式，从实践走向战略层面。

通过视频直播设备与内容的结合，将逐渐从以美女秀场、游戏为主的直播状态，转变成更加多元化、多样化，以及更专业、更垂直、针对特定用户群体的直播平台；或者把多种类型的垂直直播平台[2]进行跨界整合打造成一个品牌来推广，构建综合垂直型直播平台，从而提供更多的优质内容。如素人出境 + 泰国民俗的跨国视频直播，体育类节目则会更多地跟体育明星相结合，推出直播解说、赛后分析等，通过视频引流 + 社交沉淀 + 产品制造商进行直播推广。这也会使以社

1　如视频直播是电商以后，又一次可以颠覆中间环节的一种商业模式，这种商业模式不但可以颠覆传统商业，同时也颠覆了电商。
2　如游戏、星秀、科技、教育、户外、体育、音乐、旅游、影视等。

交为主体的视频直播板块更加丰富。

在互动视频直播成为未来各行业的诸多企业标配及表达方式的同时，[1] 市场将迅速地把文字自动转变成语音；在直播频道的切换方面，也将会有视频采集、手机、专业录像机（无人机）实行整体直播导播管理，以及通过团队合作进行弹幕、画中画、更多的信息窗等多种视频切换，使直播形式更加完善，带来更好的直播观感。

同时，把视频直播服务当作初始业务及主营业务的原生类视频直播平台将批量上线，专门为各垂直领域的企业提供直播服务。未来的垂直划分将包括行业垂直、地域垂直、城市与乡村垂直[2] 和各级市场垂直，这种深耕垂直的方法，将分级用户、分类市场、分化内容制作。

视频直播业还将进一步依靠平台大数据分析，以内容为核心向多元化方向拓展，更加精准地进行内容制作和播客选择，以及广告营销策略的制定和互动流程设计。这有助于减少企业的试错成本，并使企业逐步具备一套培养播客及拓展内容的成熟生产机制，如企业可以通过在直播平台上积极打造各类栏目的 IP，从而带来互动式的良好氛围，并逐步成为

1　如实时实况转播的体育赛事、演唱会、新闻。
2　主打农村市场的视频直播平台。

企业的核心竞争力。同时，还有助于进一步垂直化、特色化和专业化各个直播平台，使直播逐渐变成企业为客户服务的新型方式和手段，进入企业可以直接向消费者推广的时代。

在未来，更多的传统网站将会以内嵌视频直播平台的形态出现，现有的专门的企业宣传、咨询、问答频道，及电话、QQ客服，在互动经济的商业环境中都将视频直播化；所有的互动竞价都将会以直播的形式予以呈现。未来在激烈的市场环境下，所有的企业销售人员都需要学习视频直播，所以会出现专门的教授视频感的相关课程[1]；对摄像、DV界的综合专业人才的需求也越来越多。

更多的视频直播平台将会有预设功能，通过先排定视频直播时间表，使用户可以提前预览视频直播节目单，提供不对称视频消费服务。优质精品的视频经过沉淀，将保留在视频直播平台的录播列表，在直播与录播之间，为消费者的二次消费提供平台，进一步沉淀消费者。

在移动互联免费与付费相结合的思维下，将把大众娱乐更加推向精准化，金牌内容制作也更加精良。视频直播中的粉丝经济也将进一步得到扩展，主流的视频直播平台将更加

1　告诉大家如何在视频直播时给人最佳感觉。

走向多样化的繁荣。未来，还会出现更多的公益性的垂直直播平台，这些播客志愿者自身有着公益效应，视频直播的正能量将逐步体现。

未来，泛生活、场景化的视频直播，结合 VR、AR、MR 等高科技手段，将开启各个行业的全场景的沉浸式视频直播 + 新时代，以满足用户全场景需求。

视频直播 +

Vedio Live Broadcast +

视频直播 + 有无限的可拓展空间，话题类直播、生活类直播、娱乐类直播、产品类直播、服务类直播、社交类直播、文化传媒类直播以及其他垂直行业直播，将涵盖全民生活的方方面面。下面列举部分行业及视频直播 + 的应用状况、行业及其特点。

表 5-2　未来视频直播产业生态版图举例说明

行业类型		说　明
话题类	新闻	视频直播将会深刻改变传统新闻的业态,传统新闻的观众和听众很难直接参与到新闻互动中。而新的直播新闻,可以使新闻事件现场直播,使每一个突发事件的现场的观众都可以即时在媒体平台上提供新闻,并和其他观众互动,其他观众也可发表弹幕式评论,从而产生互动效果。新闻事件现场视频直播[1]的平台有澎湃视频直播等。
	情感	通过直播更真切地传递与评论,使情感类节目更加有看点,加深"消费者亦是评论者"的体验。同时,可增强对实时热点问题的跟踪,使消费者的参与更有积极性。
	书评	使书评的形态更生动、更有参与感,使读者与评论者、作者之间,有虚拟的"面对面"的深度交流和互动沟通的机会,同时也使书评人更加灵活自由地介绍书籍。
	社会生活论坛	所有传统的社会生活栏目与节目,都可以以现场直播的形式,让社会生活中的各种热点问题,更快捷、更方便、更广泛地进行讨论和沟通,成为人们社会生活的一部分。

1　2016 年 7 月湖北发生洪涝灾害期间,《湖北日报》荆楚网联合斗鱼视频直播,以视频直播形式向外界报道灾区的民生现状、政府救灾以及官兵抢险等画面,同时与网民实时即时互动,10 余万用户共同观看。

续表

行业类型		说　明
生活综合类	秀场	秀场是最直接的视频直播平台，也将是单一垂直直播中观众最多的平台，是颜值经济的体现，秀场类直播平台较多，如小咖秀、网易 BoBo、奇秀、9158、繁星直播等直播平台
	健身	健身教练的培训类直播是最能够体现直播优势的项目之一。它可以充分地让教练与学员互动，同时打破了传统教练视频授课时的时间、地点的限制。在健身培训中，可以充分展示不同教练的风格，与以往的单向录播的最大不同是，教练可以随时根据消费者互动的情况对培训的节奏与强度进行调整。同时，还可以在互动中分享健身心得，鼓励优秀教练（给其打赏）进一步改进教程。
	美食	垂直的美食直播是天然具有视频直播导流属性的行业，把厨房搬到线上，同时把美食与视频互动培训相结合，还可以把饮食文化、旅游相结合。在传统的商业环境中，偏僻地区的餐馆如果不通过大量的宣传（文字和图片），不可能被外界所熟知。而在互动直播下，餐馆有可能得到全世界的关注，这是餐饮行业决定性的变革。如即时互动式餐厅：一切即时互动，整个食品操作流程公开透明。
	旅行	旅游行业可以充分利用视频直播，通过进行导游播客真人秀，来推广旅游产品。直播可以把旅游这种低频的交易行为，改变为在平台上高频的与参与者之间交互、互动的行为，把碎片化的旅游目的地资源，通过自由行与播客进行现场互动宣传。通过充分发挥视频直播便捷、制作成本低的特点，改变了传统旅游获客成本高的行业壁垒，跟团旅游、自由行、半自由行等产品将会更加透明地展现在消费者面前。同时也使一些消费者和观众足不出户，就可以环游世界，获得身临其境的交互体验，改变了旅游的边界。
	其他	涵盖衣食住行、美妆、穿衣搭配、理发、园艺、交通、户外、钓鱼、台球、棋牌、野外探险、搭讪等具备可延展性的第一人称视角的、专项达人的、琐碎的、生活场景化的垂直型直播平台。如映客视频、花椒视频、快手直播等。

行业类型		说　明
娱乐传媒类	游戏	直播电竞游戏现场比赛、评论等，如虎牙直播、熊猫TV、战旗TV、斗鱼TV等直播平台。
	二次元	构建一种以类似于在二次元空间的动态实时性情节和模式为基础的群聚部落式的观赏互动场景。如Bilibili直播、YY live二次元直播平台。
	体育	实时直播体育赛事及评论，并与参与者进行互动等，如乐视体育、章鱼TV、风云视频、企鹅视频等。
	娱乐综艺	视频直播综艺最重要的是互动感，特点是专业性、倾向性、逗趣性。内容包括魔术、脱口秀、音乐、好声音、舞蹈、娱乐工厂、网络文学、手游、影视娱乐行业、时尚、现场演出直播等，可以通过一手内容吸引相关的粉丝群体。如爱奇艺携手环球音乐打造顶级音乐在线视频直播平台，优酷土豆则布局综艺产业，推出综艺视频直播平台。
	其他	游戏与文学、动漫、影视业务将进一步融合共生。
社交类		视频直播＋社交概念，如腾讯、Facebook、Twitch直播平台等。
产品类	购物	目前明星、网红式直播导入是最为常见的手段。如淘宝、天猫、唯品会、蘑菇街、聚美优品、苏宁易购等。具体应用如超市特价产品视频直播、选材选货视频直播、服装制作现场视频直播，以及如街边零售视频直播等。
	科技	科技产品网络直播销售、推广，以及产品讲解、产品制作流程等；科技展示、技能展示、展会等。
	房地产	样板间展示、楼盘沙盘图展示，以及户型讲解等。
	汽车	试车直播、车景展示、车型讲解、定制汽车全程视频直播等。
	农产品	养殖、种植、制作、加工、销售全过程，以及采摘等体验，突出原产地生态品质等，即时互动问答等可以增强消费者对食品安全的信心。
	手工艺品	教授手工艺品制作直播，现场制作过程、销售直播，定制礼品刻字等。
	其他	其他产品、产业销售直播。

续表

行业类型		说　明
服务类	教育	互动培训，学生可以在弹幕实时评论，与教师进行交流。教师可以模拟真实课堂的学生提问等互动环节，边问边学，这可以弥补传统录播视频中不能互动的缺点。 同时，也是受众面更广的教育方式。在一些社会化服务平台和咨询行业，互动直播可以在一个广泛的平台上进行低端教学内容的咨询，还可以在垂直平台上以会员制方式进行高端互动与讨论，如律师、会计师、税务师、心理咨询师等。 教育类视频直播将颠覆传统教育物理空间的制约，同时在内容上也可以做到自定义课程。一个优秀的教师，可以在直播平台上，为数以万计的观众消费者提供知识的输送，将颠覆远程教育的传统模式，它的存在形式是即时视频直播＋授课＋培训，如可汗学院、YY教育。
	装修	通过视频直播平台，消费者可以随时观看家装的全过程。
	财经	财经问答、金融产品、股票讲解、心得分析、培训咨询等。
	医疗	视频直播也将改变医疗业的生态，可以减少更多的初级门诊及社区医院医生的劳动强度，对于容易诊断的疾病，患者将不需要去医院就可以获得医生直接在即时互动直播平台上的问诊解答。如简单的感冒等；或者通过建立大的体检中心，即时互动式直播问诊等。
	其他服务	随着视频直播的迅猛发展，其他服务将层出不穷，如给孩子的定制化起名等。
文化类		滑板、涂鸦、极客、绘图、美术应用场景、形态外延等。如视频直播一块玉石的全部打磨与雕琢的过程，会更加引起观众与消费者的购买欲望。

　　综上所述，移动视频直播将突破枯燥的文字、静止不动的图片和人们预先计划好的视频的局限，创造诸多崭新的商业神话，它将把人类生活、社会物质文明和精神文明带到前

所未有的、前人所无法想象的新高度。人类的梦想将会越来越多地变成现实。

虚拟的现实 +
Reality of Virtual +

　　在互动经济时代，更多的免费产品与服务将不断涌现，所有的商业模式都将被颠覆，所有的商业理念都将被重新定义。所以，无论是互动经济当前得以表现的视频直播领域，还是接下来技术迭代将有可能更加迅速的虚拟现实，都可以使整个互动经济的想象空间无限扩大。

　　人类的不满足、好奇心、想象力、成就感一直是发明创造的动力，如飞机始于人类想要和鸟一样地飞翔，电影始于人类想要看到日常生活以外的"虚拟世界"[1]。那些炫酷的革命性产品，一直在逐渐改善、优化甚至颠覆着人们之间的交互模式及信息传递方式。

　　虚拟现实的哲学意义以及构建场景的能力和多感知性，将彻底改变人们生活的方方面面。这种"虚拟的现实"的沉

1　电影是人类第一次看到虚拟世界的途径。

浸式体验经济，作为承载互动经济的现实的表现形态，都将随着虚拟现实技术的进步和发展，使"虚拟现实＋各行各业"的商业模式逐渐成形，并进一步引发商业模式的变革。目前，虚拟现实主要应用在视频游戏、事件视频直播、视频娱乐、工程和军事等领域。

通过在未来可能构筑出来的各个细分领域的商业模型而形成的巨大的冲击，将全方位彻底地颠覆传统的信息交互模式，成为呈现人们信息交互与连接的最主要的互动工具和要素，并创造出更有跨时空意义及人性释放意义的新型时空概念。所以，不管从哪个角度来看，虚拟现实都将会是人类历史上一场认知与交互的革命。

虚拟现实将重构整个营销媒介的生态格局。人类从现实世界的互动营销，走向虚拟现实的互动营销，再到"虚拟的现实"的互动营销，现实与虚拟两者间的界限越来越模糊。这种人与数字化人相辅相成的生活在不同的两个三维空间的历程，无一不在尽力创造消费者希望达到的消费体验。

虚拟现实还可以结合商业游戏进行营销，将互动游戏的理念融合到虚拟现实技术中，使消费者在沉浸式、体验式的虚拟场景中，远距离却"面对面"地参与到游戏的环节策划及设计、游戏进程、游戏体验等全系列的互动游戏中来。

　　虚拟现实时代同样会把娱乐内容注入企业产品制造、宣传、广告、营销等各个环节之中，延续通过精致的制作、丰富而持续的内容生产而产生消费者的时代。所以，虚拟现实给了企业更多的场景式的体验式营销的可能，这将是比现有的营销宣传手段更佳的推广工具。

　　例如，2015 年 11 月，香格里拉酒店集团宣布通过利用虚拟现实技术，进行体验式全球酒店的销售，并将于 2016 年底完成全部酒店的视频制作工作。2016 年 2 月，Galaxy S7 也利用虚拟现实和技术直播了其发布会。此外，沃尔沃曾利用微软 HoloLens 全息眼镜销售汽车，NextVR 曾用虚拟现实技术进行体育视频直播。

　　特别是在视频与游戏领域，目前已经得到了全面的场景式虚拟现实直播和真实的沉浸式体验，并产生了直接的商业价值。虚拟现实的浸入式游戏与传统的电脑游戏体验有着本质的不同。

　　这种虚拟现实对于沉浸感和交互感体验的诉求，将会使未来游戏和影视的界限越来越模糊，并改变电影产业的整个价值链，如电影的售卖方式与场所等，也将会为适应虚拟现实表现形式而进行全面的革新。

在游戏与电影娱乐等产业的推动下，房地产、旅游业[1]、零售业、教育（如虚拟校园）、地产漫游、虚拟售房、室内设计、场馆仿真、服务业和医疗保健业，及通过虚拟现实技术进行导航[2]等行业的业务模式、营销方式和交易方式，也将随着虚拟现实技术的成熟不断地进行动态适应性变革。[3]

阿里巴巴式的电子商务颠覆了传统零售业，直播形态的电子商务也将颠覆传统的电子商务，而虚拟现实形态的升级版电子商务又将颠覆直播形态的电子商务。在购物领域，通过虚拟现实技术，使消费者购买产品的过程更加场景化、内容化、交互化、真实化，如 3D 试衣间等虚拟场景的运用，使商家与消费者在即时互动场景下进行商品交易。[4]

在旅游业，如果带上虚拟现实的设备，就可以更加临场式地观看风景、体验风土人情，虚拟现实技术就像一座横跨社会多元文化的桥梁，能给消费者带来可以沉浸的"真实的异乡"。

1　目前 VR 只能帮助大型旅游机构做导流和下单率提升，在营销时把 VR 当成一种全新的视听呈现和旅游感受，但这只是 VR 在旅游业应用的初步模式，未来会有更新的理念和操作方式来改变旅游界的格局。

2　例如用虚拟现实技术进行地图导航。

3　如用 VR 技术展示建筑空间、虚拟样板间；在零售业和服务业，用虚拟现实技术试衣服、配眼镜、做发型等，降低店内展示商品需求，加速实体店价值的弱化。在医疗领域，虚拟现实的广泛应用，会成为医生和医学专家的得力工具。

4　我们身穿家居服，却可能就像身处纽约的购物中心或规模庞大的超市大卖场，琳琅满目的货架上摆满了各式各样的商品，供我们挑选。

在教育培训领域，虚拟现实可以进一步摆脱传统的物理性空间和时间的局限，在虚拟现实技术构建的课堂教授、学习、互动，教师可以为全球各地的学生消费者提供现场式的知识输送和问题解答，进一步颠覆传统扁平的、屏幕前的远程教育模式。来自世界各个角落的学生可以更加真实、更有触感、更有现场感地聚集在同一个虚拟现实的教室，进一步深化平等教育的革命之路。虚拟现实的这种临场沉浸式的模拟教育，使其在心理学上也有着有待开发的潜力。

在地产业，通过虚拟现实技术，房地产商可以打造虚拟现实网络售楼中心，建筑师可以带领消费者漫步在虚拟世界的沙盘图和建筑设计概念图，这种"虚拟现实 + 场景营销"的形式，可以使消费者穿越不同的抵达（时空穿越）。[1] 此外，消费者在家办公、参加集体会议，就像身处实际的场景一样，在任何地点都可满足各种需求，所以在房屋购买上将更注重社区环境、社区服务、户型等条件。

目前，在公共的影视娱乐领域，虚拟现实技术应用广泛，比如荷兰的首个虚拟现实电影院、圣丹斯电影节的虚拟现实项目、谷歌发布虚拟现实电影制作设备、洛杉矶交响乐

1　就像沉浸在现场，立体式的语音环绕周身出现，文字可能就像可摸到的字母一样在眼前刷过，获得多重感官的沉浸式逼真体验。

团的虚拟现实体验、伦敦电影节举办的虚拟现实电影展等。
在家庭领域，虚拟现实给了人们在家体验有代入感、更多元、
更立体的沉浸式高清电视电影（包括有现场感的演唱会、
体育赛事、综艺节目、纪录片、新闻、旅游节目等）的可
能性。[1]

虚拟现实可以带给人们在不同行业细分领域的商业模式
的质的突破。也正因为当前的智能移动手机端、平板电脑等
电子产品的普及，已经储备了虚拟现实需要的技术，虚拟现
实才有可能在短时间内迅速爆发。而虚拟现实技术的持续迭
代，也会反推各个虚拟现实的内容制作软件及硬件产品行业
的发展。所以，包括计算机、平板电脑、智能手机、芯片企业、
可穿戴设备等在内的硬件生产企业，将展开一轮新的较量，
重新站队、组合，形成新的竞争格局，而更优质、更完善的、
更方便的虚拟现实内容制作软件将会层出不穷。

未来，伴随着大数据、生命技术、人工智能、智慧产业
等各领域科技的发展可能带来的颠覆性影响，互动经济作为
高科技的反哺和驱动力量，将带来更广泛的、不可估量的商

1　通过虚拟现实，消费者可能仿佛置身于每一个跳动的音符和文字周围，这些音
　符和文字在消费者眼前滑过，我们欣赏聆听音乐的方式彻底改变；我们还可以看
　到聚光灯下，站在舞台中央的歌手为我们倾情献唱，以及深情投入的话剧和小品
　演员。或许我们还可以选择是单独观赏，还是随机进入某个观赏厅。

业空间和机会。如虚拟现实技术与人工智能的融合将打开未来的虚拟的超现实之门，这样振奋人心的炫酷的黑科技，将为虚拟现实＋人工智能＋传统行业的营销推广，以及沉淀消费者做出新的贡献。

　　未来的我们，一切都变得更近、更有可能。人机交互革命虚拟现实，承载着人们对未来的一种期许，这幻想世界中的人类命运，通过虚拟现实生态平台，将实实在在地融入人们的日常生活，带给人们全新的体验，进一步释放人类的即时互动需求，并丰富、多元、细致和重构人们的生活形态。在虚拟的现实中，人们将拥有更多的探索空间。

走向未来
Forward to the Future

　　唯一限制我们的只有我们的想象力，互动经济将颠覆人类社会以往的社会结构，其来势之猛、速度之快、波及范围之广是前所未有的，它将改变整个人类的文明进程。同时，它也将给人类的商业生活带来颠覆性的改变。[1] 在互动经济的

1　克劳斯·施瓦布著，李菁译：《第四次工业革命：转型的力量》，北京：中信出版社，
　　2016 年第 1 版。

催生下，不管你是否相信，未来一定会有诸多商业模式的产生，将诞生完全即时互动的新型企业，给人类带来更多的商业机遇。由它所带来的社会结构的变迁，及人类工作方式的改变，将给人类带来诸多新的以往所没有的职业。

支持这场商业模式的变革的技术创新将是以下几个方面：（1）视觉的交互界面，如通过各种应用和数据连接、VR、AR、MR等手段，将会使人充分享受身临其境的感官体验；通过眼球跟踪技术，使智能设备向视觉界面输入信息，并通过眼球即时互动，进行信息反馈，使视觉系统具有信息可视化及交互作用，以此进行学习、导航、指引、反馈，使人更充分地与世界即时互动。（2）数字化身份，如网络身份证（ID）、网络虚拟形象、虚拟生活。（3）万物互联，所有物品都会智能化并能联网，无处不在的传感器使人类充分感知周围环境；可穿戴设备使穿戴者能利用该物品连接互联网，提升公共安全指数，区域物联网、车联网都将成为现实。（4）家庭数字化与智慧城市，没有交通信号灯的城市、无人驾驶汽车、运用大数据进行决策；城市服务公共设施、道路等全面接入移动互联；通过核心数据平台（数据分析、预测等）对能源、物流、交通等领域进行管控；部分决策或执行工作

将人工智能 [1] 化。（5）植入技术的商业化，如嵌入式的智能手机，人的想法和情绪可以通过脑电波及其他信号方式传达；神经技术的发展，将人工制造的记忆植入大脑。（6）通过基因工程改组人类基因等。

　　未来，随着虚拟现实、人机界面、人工智能、基因工程、数字化身份等高科技的发展，人类将会迎来一个新的世界，一个"另外的世界"，一个虚拟和现实交互的世界。VR、AR、MR 技术将给人们带来更多的内容生成条件，人们可以在"两个世界"中生活。现实和虚拟的界限将越来越模糊，现实和虚拟的动态交互也将越来越大地扩展人们的生存空间。这将催生一个新的经济体，一个超过 20 亿人通过移动互联上参与互动的、跨越国界的强大的经济体。

　　最终，各行各业都将借助移动互联、大数据、虚拟现实等技术摆脱时空对形体的束缚，并且这些技术相互之间还会发生化学反应，不断融合和衍生出新的应用和商业模式，有无限的操作整合及想象空间，进一步拓展人类沟通和交互的自由，使即时互动经济从简单的、纯粹的经济逐渐升级，迈入充分交互化的、分布式的即时互动社会。

1　人工智能将成为人的助手，包括自动翻译软件、自动大数据服务、自动分析等。如写作机器人，可以完成标准化的数据分析和标准化内容，包括制作报表。

　　所以，怎样迎接新的即时互动经济时代，是每一个企业领导者都应该思考的课题。有着新的互动经济思维的企业管控者，将会用更开放、更透明、更积极的态度与全社会分享企业的精神与文化，引导企业走向互动经济时代的未来。

　　互动经济时代已经到来，并将全面浸入与人类生活相关的各个领域。同时，随着科技的迅猛发展及新科技的不断迭代加速，我们可以预测，未来，互动经济将可能是最后一个"纯人类"经济，其后将是嵌入式的人与机器的交互时代，即通过在人类大脑嵌入芯片或其他方式，完成人机嵌入式即时互动。

　　斯派克·琼斯（Spike Jones）编剧并执导的电影《她》（Her），讲述了孤独的作家西奥多（Theodore）爱上了电脑操作系统的女声萨曼莎（Samantha）这个虚拟人物的故事，这个故事恐怕在不久的将来就会在我们身边上演。每一个男孩或女孩，都可能在虚拟世界找到自己更心仪的精神伴侣，到了那时，互动经济可能真的就会是我们人类最后的一个"纯人类"的经济模式。

参考文献
Reference

弗朗西斯·福山著，郭华译：《信任：社会道德与繁荣的创造》，桂林：广西师范大学出版社，2016年第1版。

亚伯拉罕·马斯洛著，许金生译：《动机与人格》（第3版），北京：中国人民大学出版社，2007年第1版。

克莱·舍基著，胡泳、哈丽丝译：《认知盈余：自由时间的力量》，北京：中国人民大学出版社，2012年第1版。

哈罗德·伊尼斯著，何道宽译：《传播的偏向》，北京：中国传媒大学出版社，2015年第1版。

尼尔·波兹曼著，章艳译：《娱乐至死》，桂林：广西师范大学出版社，2011年第1版。

安东尼·吉登斯著，田禾译：《现代性的后果》，南京：译林出版社，2011年第1版。

沃尔特·李普曼著，阎克文、江红译：《公众舆论》，上海：上海人民出版社，2006年第1版。

克劳斯·施瓦布著，李菁译：《第四次工业革命：转型的力量》，北京：中信出版社，2016年第1版。

凯文·凯利著，刘仲涛、康欣叶、侯煜译：《新经济新规则》，北京：电子工业出版社，2014年第1版。

凯文·凯利著，张行舟、陈新武、王钦等译：《失控：全人类的最终命运和结局》，北京：电子工业出版社，2016年第1版。

凯文·凯利著，严丽娟译：《科技想要什么》，北京：电子工业出版社，2016年第1版。

凯文·凯利著，张行舟、余倩等译：《技术元素》，北京：电子工业出版社，2012年第1版。

凯文·凯利著，周峰、董理、金阳译：《必然》，北京：电子工业出版社，2016年第1版。

阿道司·赫胥黎著，宋龙艺译：《美丽新世界》，北京：北京理工大学出版社，2013年第1版。

吉姆·布拉斯科维奇、杰米里·拜伦森著，辛江译：《虚拟现实：从阿凡达到永生》，北京：科学出版社，2015年第1版。

B. 约瑟夫·派恩二世、基姆·C.科恩著，王维丹译：《湿经济：从现实到虚拟再到融合》，北京：机械工业出版社，2012年第1版。

王寒、王赵翔、蓝天著：《虚拟现实：引领未来的人机交互革命》，北京：机械工业出版社，2016年第1版。

曹雨著：《虚拟现实：你不可不知的下一代计算平台》，北京：电子工业出版社，2016年第1版。

徐兆吉、马君、何仲、刘晓宇等著：《虚拟现实——开启现实与梦想之门》，北京：人民邮电出版社，2016年第1版。

卢博著：《VR虚拟现实 商业模式＋行业应用＋案例分析》，北京：人民邮电出版社，2016年第1版。

齐鹏著：《新感性：虚拟与现实》，北京：人民出版社，2008年第1版。

文钧雷、陈韵林、安乐、宋海涛著：《虚拟现实＋平行世界的商业与未来》，北京：中信出版社，2016年第1版。

Stanley G. Weinbaum. *Pygmalion's Spectacles*. Kessinger Publishing Co., 2004.

Damien Broderick. *The Judas Mandala*. Fantastic Books,

2009.

Alan B. Craig, William R. Sherman, Jeffrey D. Will. *Developing Virtual Reality Applications: Foundations of Effective Design*. Morgan Kaufmann, 2009.

Tony Parisi. Learning Virtual Reality: *Developing Immersive Experiences and Applications for Desktop, Web, and Mobile*. O'Reilly Media, Inc, USA, 2015.

Marc Cavazza, Stéphane Donikian. *Virtual Storytelling. Using Virtual Reality Technologies for Storytelling: 4th International Conference, ICVS 2007, Saint-Malo, France, December 5-7, 2007, Proceedings*. Springer, 2007.

致　谢

Acknowledgements

　　2016年是中国视频直播市场风起云涌、群雄逐鹿的一年，视频直播的出现，给互动经济概念的提出提供了鲜活的雏形，是互动经济重要的突破口。从目前的发展趋势看，互动经济将成为分享经济后的下一个时代的主流经济模式，给我们带来充满探索发现、活力、奇迹与快乐的新世界。

　　"上帝给我们关上一扇门，必定会给我们打开另一扇窗。"不管人们喜欢不喜欢，互动经济已悄然走进我们的生活，已经成为不以人的主观意志为转移的客观存在，我们应该用积极的态度去迎接它的到来，别无更好的选择。

在本书付梓之际，北欧的朋友传来了一个令人振奋的消息，芬兰赫尔辛基的教育工作者们已经把有着互动思维的现象教学法运用到中小学场景互动教学中，以培养具有交叉性、关联性、系统性思维的，聚焦于横贯能力的未来综合型智慧人才。

改变已经开始，未来有更多可能。

感谢北京航空航天大学程小全教授和郭秀梅女士，他们在百忙之中与我进行多次讨论，并提出非常宝贵的意见。感谢新加坡国立大学商学院（National University of Singapore Business School EMBA-C Academic Director）宋照礼（Song Zhaoli）教授与我对互动经济问题的讨论。感谢后浪出版公司和浙江人民出版社的编辑团队，为这本专业书的付梓付出了辛勤工作。感谢同事田雨芬、蒋清以及朋友萧玮成的无私帮助。

安永钢
2016 年 12 月 29 日
于海淀中关村

图书在版编目（CIP）数据

互动经济：互动思维下的经济模式 / 安永钢著 . --
杭州：浙江人民出版社, 2017.3
　　ISBN 978-7-213-07899-6

　　Ⅰ . ①互… Ⅱ . ①安… Ⅲ . ①经济模式—研究 Ⅳ .
① F014.9

　　中国版本图书馆 CIP 数据核字 (2017) 第 013253 号

互动经济：互动思维下的经济模式

安永钢　著

出版发行：浙江人民出版社（杭州市体育场路 347 号　邮编　310006）
责任编辑：潘海林
责任校对：张志疆
特约编辑：方　丽
封面设计：墨白空间·韩凝
印　　刷：北京盛通印刷股份有限公司
开　　本：889 毫米 × 1194 毫米　1/32　　印　　张：8.75
字　　数：130 千
版　　次：2017 年 3 月第 1 版　　　　印　　次：2017 年 3 月第 1 次印刷
书　　号：ISBN 978-7-213-07899-6
定　　价：58.00 元